自転車旅のすすめ

「やってみたい」を実現するための方法

のぐちやすお・著

体育とスポーツ出版社

はじめに

19歳の夏だった。閉塞しきった環境から抜け出したくて、自転車にまたがり、どこまで行けるか試してみたのが、そもそものはじまりだった。

それから40年、まだ若いと思っていた私も還暦ということばが目前に迫ってくる年齢になってきた。老後なんてまだまだ先の話と思っていたが、こればかりは抗うことのできない人間の宿命である。

そのことに気づいたとき、ひたすら働いてきた人たちは寂寞《せきばく》たる思いにさいなまれるらしい。なぜかといえば、定年後を楽しくすごせる趣味を持たなかったがゆえに、現在の環境からはじき出されて孤立するのがとても怖いからだ。

その点、幸いなことに私には人生を楽しくすごせる自転車旅がある。おかげで定年は、仕事から解放されて趣味に専念できる区切りになると思えるぐらいで、恐ろしいどころか待ち遠しくてしかたない。

そこで、みなさんにも自分なりの目標がつくれ、自分のペースで日々の行動を完結でき、同時に体力増強も図れる趣味として自転車旅をおすすめしたくて、本書を手がけることにした。

自転車旅は勝負事ではないのだから、失敗したところで悔やむことはない。ひとつの行程を走り終えたあとでその行動を冷静に分析すれば、うまくいかなかった原因も簡単にわかる。

そして、自分に合ったペースにすぐに修正できるから、さらなるステップアップも簡単だ。もちろん、年齢や体力に応じた目標も難なく設定することができる。

だから、まずは身近な自転車にまたがり、あり合わせのスタイルでいいから、騙されたと思って試していただきたい。

そのうえで本格的にはじめたいと思ったら、ゆっくりと新調していけばいい。だから、コストだってたかが知れている。

医療の現場に携わっているのでつくづく痛感するのだが、重要なのは平均寿命より健康寿命だ。

健康寿命とは、健康上の問題がなく自活できる年齢（期間）のことで、いい換えれば何歳まで他人の介護を必要としないで生活できるかということ。いくら100歳まで長生きしたところで、寝たきり生活が何年もつづいてはうれしくあるまい。

その健康寿命を延ばすことにも、自転車は大いに役立ってくれる。足を動かさないことには進まない自転車だから、好む好まざるにかかわらずペダルを踏みつづけなければならない。その結果鍛えられる筋力が、寝たきり生活をかぎりなく防いでくれるのだ。

そのようなことを念頭におき、新入社員時代に比べれば経済的にも時間的にも余裕ができてきたが、体が動きにくくなったと感じる年代から団塊の世代の方々を対象に、自転車旅で必要となる知識やおすすめの旅のプランなどを私の体験をもとにまとめてみた。

よしやってみよう、そう思った瞬間、あなたは精神的に10歳若返る。試行錯誤しつつもがくかもしれないが、完走できたときには体力もまた10歳若返っている。未知の世界をこじ開けられたことでその楽しみに気づき、さらなる扉を開こうと試みれば、あなたの肉体はさらに10歳若返る。

自転車の魅力は、なんといってもその機動力を自分の力に合わせてつくり出すことにある。自分の力でここまで行けたんだという満足感と実績は、あなたの精神をより充足させ、あなたの健康をより高めていくはずだ。

肉体改善によって医療費も節約でき、精神的充実によって日々が楽しくなり、消費カロリーの増大で日々の食事が何を食べてもうまくなる。こんな幸せを引き寄せられる趣味はそうはあるまい。

本書をきっかけにして、「自転車旅を見つけられたおかげで、人生がとても楽しいものになった」と思える人がひとりでも増えることを願っている。

CONTENTS

はじめに――002

序章

自転車で旅をする

「旅行」と「旅」のちがい――010
ロングライドと自転車旅
自転車旅のいろいろ――014
日帰りの自転車旅　1～2泊の自転車旅　3泊以上の自転車旅
1週間～2週間の自転車旅　超長期の自転車旅　コマ切れ旅という考え方

第1章

準備する

自転車さえあればいつでも旅はできる

■自転車旅で使う自転車――024
◎最低限必要なもの　◎自転車の条件
■自転車旅に持っていくもの――031
◎私の携帯品ランキング　◎自分なりの必需品が増えてくる　◎旅の記録を残す
■荷物の収納法――043
◎背負っても苦にならないザック　◎荷物の多さが行動を制限する
◎28kg背負っての走行　◎自転車の収納場所

イザというときのために知っておきたいこと

■必要最低限のメンテナンス――050
◎どんな故障があるか　◎おもなパンクの種類　◎パンク修理にかける時間
◎ブレーキワイヤー切れ　◎ブレーキシューの摩耗　◎スポーク折れ
◎チェーン切れ　◎油切れ

第2章

走る

自転車旅で必要となる走りと安全の基礎知識

■走りの基本と迷わない技術――060
◎コンスタントに走る　◎迷わない技術を身につける

■変わる交通法規――066
◎歩道走行は是か非か　◎道交法違反とわかっていても……
◎遭遇した驚きの違反例　◎ヘルメットの安全性

■自転車保険――071
◎自転車保険のおもな種類　◎海外旅行保険の考え方

走っていればさまざまな状況にぶち当たる

■できれば避けたい場所――074

■峠を越える――078
◎峠を上るための心得　◎関東圏内おすすめの峠

第3章

遠くへ行く

自転車旅と天気・気候は切っても切れない関係にある

■天気を読む力――088
◎どんな天気のときに決行するか　◎季節別の注意点　◎天気図で判断する○と×
◎天気予報があいまいなとき　◎世界と日本の気候を把握する

■自転車旅の難敵――097

◎難敵その1・風　◎難敵その2・気温　◎難敵その3・雨と雪
◎夜の走りはなるべく控える

輪行をマスターすれば行動範囲は地球規模に拡がる
■輪行でより遠くへ――110
◎いろいろある輪行の手段　◎鉄道輪行の注意点　◎飛行機輪行の注意点
◎フェリー輪行の注意点　◎バス輪行の注意点　◎新幹線か飛行機か
■おすすめの輪行・自転車旅――118
◎プランA・しまなみ海道　◎プランB・越前海岸〜東尋坊巡り
◎プランC・佐渡島一周　◎プランD・富士五湖周遊

第4章　プランを立てる

プランを立てるところから自転車旅ははじまっている
■自転車旅を充実させるテーマ――128
■プランの立て方――135
◎条件の優先順位

自転車旅には「仲間と一緒に走る」という楽しみもある
■グループ走行で注意したいこと――142
◎インターバルの取り方　◎団体行動と故障
■エスケープルートを考える――145

第5章 海外を走る

■海外を長期間走るために必要になること
■海外自転車旅はむずかしくない――148
◎海外の自転車旅は意外と安い　◎長期間の自転車旅をはばむもの
◎コストについて考える　◎目的を何におくか　◎実践までのタイムスケジュール
◎すべてのことを自分で決める
■1か月コース、3か月コースの例――156

第6章 おすすめの自転車旅

□咲く花に季節を感じる自転車旅――164
□街道をたどる自転車旅――167

付録 私の自転車旅【海外編】

□世界一周第1ラウンド――172
□世界一周第2ラウンド――175
□世界一周第3ラウンド【コマ切れ編】――177

おわりに――181
最後に――183

序章

自転車で旅をする

010

「旅行」と「旅」のちがい

あるとき友人のひとりが「旅行に行くよ」と言い、もうひとりは「旅に出るよ」と言ったとしよう。そのときあなたは、彼らの行動についてどのようなイメージを抱くだろうか。

ここに、似たような行動と思われがちな旅行と旅のちがいが浮き彫りになってくる。

「旅行に行くよ」と言われれば、そうですか、それはいいですね。で、どちらまで？　いつまで？　とたずねてふつうは終わる。相手もまた具体的な場所と日時を示して、「それでは」となるはずだ。

ところが「旅に出るよ」と言われたら、はたと考えこんでしまうのではないだろうか。旅？　旅といっても……、旅行じゃないの？

あえて旅というからには、いったい何をしに、どこへ、いつまで行くのだろう？

この人をそんな行動に駆りたてるものって、いったいなんなのだろう？

それよりもこの人はこの場所にまたもどってくるのだろうか？　よしんばもどってきたとして、以前と同じ彼でいられるのだろうか？

旅といってもいつかは終わるのだから、落ちついたときにその後の人生をどうするつもりでいるのだろう？

などなど、さまざまな憶測が旅ということばの周辺で、渦巻いていくにちがいない。

「旅行」ではなく、「旅」ということばの響きからイメージされるものは何か？

なぜなのだろうか。

そこで旅行、あるいは旅ということばをどのようなときに使うかを、もう一度考えてみる。すると、そのちがいがなんとなくわかってくる。

旅行とは、生活の中の精神的癒しの場として、日ごろ接していない未知の空間に短期間のみ足を踏み入れる行動をさす。一方で旅には、移動そのものに生活まで溶けこむような長期的要素が感じられてくる。

どうだろうか。旅と形容される行動のほうが旅行よりも時間的に長くなり、移動規模そのものも大きくなるイメージに包まれている、と思えないだろうか。

そして、旅行と旅を自転車用語に当てはめてみると、旅行はロングライド、旅は自転車旅ということで落ちついてくるのである（あくまでも私の感覚で、だが）。

ロングライドと自転車旅

ところで私が自転車に乗りはじめたころは、ロングライドや自転車旅ということばはまだ存在しなかった。あえてこれらに相当する当時のことばを探し出せば、タイムトライアルとツーリングになる。

タイムトライアルとは、任意の2点をいかに短時間で走り抜けるかという、いわば個人レースみたいなものである。そしてその最長の移動が日本縦断であり、老若男女、おのれの条件をさまざまに設定し、１９７０年代後半の自転車界ではブームといえるほどの社会現象を巻き起こしていた。

一方のツーリングとは、見聞を広めることを目的に、自転車かバイクを使ってある程度

生活と、移動という行為が完全に一体化していた6年間の自転車旅。

長期になることを覚悟したうえでの移動である。

一般の人からみれば、ともに孤独でストイックな世界として映っていたようだが、タイムトライアルの挑戦者はわき目もふらず、ただゴールを目指して突っ走るのみだから、ツーリング派からみてもより一層ヘビーなストイックさで包まれている印象を受けたものだ。

ちなみに、私はむろんツーリング派である。そして私が経験してきた世界一周(付録参照)は、自他ともに認める「旅」であった。

毎日のように移動し、夜になれば水を確保してキャンプする日々。ローソクの火をたよりに1日の記録をまとめ、ぐっすり寝て、太陽が昇ればテントをたたみまた走り出す。疲れれば宿をとることもあり、気に入った場所があればある程度滞在もしたが、定住地はなかった。そんな日々が終わってみれば、6年間もつづいていたのである。

だれがみてもそこには生活と移動が同居しているから、旅行というイメージはまったくといっていいほど存在していない。その前の、サイクリングにのめりこむきっかけとなった北海道一周にしても、これに近い環境の中での旅だった。

一方で、行きつけの自転車店が主催するワンデイラン・千葉—直江津360㎞。こちらはどうだろうか。

長丁場であるとはいえ1日で完結するし、勝手知ったる道をたどる移動だから、ここには旅という感覚はない。360㎞といえども、ゴールしてからの仲間との宴会を楽しみにただひたすら走るのだから、これはまぎれもないロングライドである。

もう少し距離が長かった室蘭—東京1000㎞も、一部でこそ初めての道をたどってはいるが、時間が3日しかなかったから(フェリーが当日運航されず3日で走るはめに陥っ

日の出とともに起き、テントをたたんで走り出す。ハンガリーの牧場の朝　1984年9月

たのだが）、一目散で突破せざるをえず、旅という印象には薄い。

けれどもこれが初めての道で、5日ほどかけて沿線の史跡を訪ねながらの移動であれば、自転車旅といったほうがふさわしい環境が整ってくる。

要するに、ロングという形容詞がかぶせられていても、ロングライドと自転車旅との間に距離的な関係はないのである。

重要なのは距離よりもそのことにかける時間であり、それよりもさらにウエイトを占めるのが、主たる目的を何におくか、ということなのだ。

初めて自転車での移動を試みる人にとってみれば、たとえ10kmであっても、そこに拡がるのは未知の、そして新鮮な世界である。

その路上にはいくつもの新しい発見が待っていることだろう。となれば、これはこれで十分に自転車旅になるのである。

自転車旅のいろいろ

ひとくちに自転車旅といっても、いろいろなパターンが考えられる。旅の期間（日帰りか、1泊か、数泊か、長期か）、走る場所（おもにアスファルトの道を走るのか、ダートも混じるのか）、宿泊方法（宿に泊まるのか、キャンプか）などによって、旅の様相は大きく変わってくる。

ここでは、旅の期間によってそのスタイルがどうちがってくるかをみてみよう。

日帰りの自転車旅

自転車に乗れるようになったから日本一周に出かけます、という人はいないだろう。遠い地にあこがれた人が自転車を利用して長い旅に出ようと思い立ったとき、まっさきに経験するのは日帰りである。

もっとも日帰りといっても、時間の幅がありすぎる。それまでに積んできた自転車の経験も、人それぞれだ。だから同じ日帰りでも、自転車旅の雰囲気ただよう移動と、そうでない移動とができてしまう。

たとえば、車でしか移動したことがない5㎞の道でも、初めて自転車で走るのであれば、その人にとっては立派な自転車の旅として成立する。なぜならば、そこには自転車でしか

短い道のりでも自転車で走ったときにしか見えない風景がある。

初めての道をこれまで浴びたことのない風を感じながら走る。マレーシア半島横断道路　2008年9月

見えない風景があり、自転車ならではの風が吹き、自転車ゆえの発見があるからだ。

　やがて足が慣れ、距離がどんどん伸びていく。その当面の目標が、これまではるかかなたとばかり思いこんでいた、１００㎞の大台越えだ。その距離に初めて達したときに味わった感動は、すべての愛好家にとってまさに旅であったにちがいない。

　距離はさらに伸びていく。

　ギンギンのサイクリストに成長した若者が、いつかは実践したくなる、ワンデイ・タイムトライアル。24時間フルに使えばいったいどこまで行くことができるだろうかと考えるときが、必ずやってくる。この行為が、おのれの限界に挑む最初の大きなテーマとなる。

　しかしその実践には、大きな苦痛がともなう。新鮮な景色もさわやかな風も無視して夜まで走りつづける姿は、自転車旅から逸脱しまるで修行僧だ。それでも日帰りサイクリングであることにちがいはないのだが。

1~2泊の自転車旅

泊りがけとなると、日帰りとはちがった新たな荷物が必要になってくる。そのうちのもっともかさばるものが着替えで、これがレーサージャージの後ろポケットや、自転車の空間に小物をセットするだけですむ日帰りとの大きな差となっている。

ロードバイクは荷台がないから、その荷物を背負わなくてはならない。この背中のふさがりが、意外と体を消耗させるのである。

日帰りと1泊のもうひとつのちがいが、慣れた自分の空間で寝られないことへの精神的負担である。どこでも寝られる人や、ホテルの空間が自分の部屋より好きと思える人にはなんでもないが、枕が変わるとどうにもという人には、これが大きなハードルになる。

しかもそこに宿泊代という大きな出費が立ちはだかってくる。だから無理をすればどうにか帰れる距離ならば、1日で片づけたくなってしまうのだ。

けれども宿泊によって得られるものもまた大きい。1泊することで行動半径は少なくとも倍にふくれ上がることになる。

ということは未知の世界への扉が、またひとつ開いたことを意味する。求める目標がさらに近づいてくる魅力は、とてつもなく大きい。

距離のみに関していうと、宿泊という壁の目安は、往復の費用と所要時間の価値がホテル代とつりあったときになる。

具体的にいえば、新幹線利用なら東京駅を起点にして宇都宮、高崎、三島あたりまでだろうか。乗車券+特急料金で片道4000円を超えるが、いずれも1時間足らずで移動で

2泊までと3泊以上では旅の趣が不思議と変わってくる。

きる。自転車をそのまま駅の駐輪場にあずけて自宅にもどり、翌朝また自宅から再出発したほうがいいと判断する人もでてくる距離に相当する。

3泊以上の自転車旅

1泊と2泊は似たようなものだが、3泊目からは大きく変わってくる。

2泊だと、必要な衣類は初日分、2日目分、3日目分で3組となり、この程度なら多少かさばるもののザックに収納できる。けれども日増しに増える分をすべて持っていくといずれ限界がくる。1週間ならば単純に考えても、7組の衣類を準備しなければならない。

したがって旅が長くなるにつれて、宿泊先で洗濯し衣類を回転させるという技術に迫られることになる。それが3日目からなのだ。

この生活に欠かせない行為がはじまったとき、それまでにはなかった旅の匂いが一気に拡散してくる。洗濯するのはホテルのシャワールーム。野宿なら川か公園の水道などだ。しかし、手洗いだから家庭での洗濯のようにきれいにはならず、脱水もできないから手で絞るしかない。

これでは一晩で乾くはずもない。そのため1日分は生乾きのままザックに収納し、着いたホテルで再び乾かし、完全に乾くのは3日目の朝になる。2日目にはその日に着ていた服も洗うから、湿った服はつねに1日分抱えなければならない、ということだ。それで3組はどうしても必要となる。

この生乾きの衣類を抱えて走る、という行為が意外とつらい。生乾きだから湿っている。よって重くなり、かつ雑菌が繁殖して臭いがつく。重いだけならまだしも、臭くなるのはできるかぎり避けたい。

これはサイクリスト永遠のテーマかと思われたが、このところ街中に強力な助っ人が増えてくれて助かっている。飽和化して閉店した都市部のコンビニが、コインランドリーに転換しているのだ。

ここを休憩がてら利用し、生乾きの衣類を乾燥機に入れて完全に乾かせば問題解消。ホテルのランドリーサービスを利用する手もあるが、高いし、それ以前にサイクリストとしてランドリーサービスを利用するのには少々抵抗がある。

1週間〜2週間の自転車旅

これまでの経験からいうと、ほぼ1週間前後で疲れのピークがやってくるようだ。そしてそのピークは2週間目までつづき、それ以降は旅の生活に体が慣れてきて疲れを感じなくなっていく傾向にある。ただしそれは、過去に経験した1か月以上の旅が35歳までに行ったものだったからかもしれない。

50代になって痛感した体の変化のひとつに、それまでは翌日に現れた筋肉痛が、そのさらに翌日に1日遅れでやってくるようになったことがあげられる。

自転車にはほぼ毎日乗っているから、いくら走ろうと筋肉痛など起こらないのだが、誘われて行ったスポーツでふだん使わない筋肉を酷使すると、その翌日はなんともないのに、次の日になって痛むのである。しかもその消失にも時間がかかるようになってきた。

自転車で鍛えたつもりの体でもそうなのだから、これからはじめようとする団塊の世代以上の人は、もっとつらい筋肉痛を味わうことになると思う。いきなり長距離を走らない

長期の自転車旅。宿に泊まるかキャンプでいくか。自分のスタイルで決めればいい。

世界一周第２ラウンドではキャンプもしたが宿にも泊まった。コロンビア・ベルリン峠　1993年1月

で、徐々に慣らしていくことをおすすめする。

超長期の自転車旅

１か月を超えると、まぎれもなく自転車旅の世界に突入するといっていい。ただし、なるべく荷物を削った軽装にしたり、キャンプ用品一式を積みこんだ重装備にしたりと、そのスタイルはさまざまだ。

宿泊施設を利用するなら軽装ですむが、キャンプを考えるのならばそれなりの重装備を覚悟しなければならない。しかしいまの日本では、自由に野宿できる場所が極端に減ってしまったうえに、決められたキャンプ場を利用しないと不審人物として通報されてしまう世の中になった。

夕暮れに見つけた小学校に入り、用務員さんに明日は出るから一晩テントを張らせてほしいとお願いし、快く引き受けてもらえた昭和の時代がとてもなつかしい。

それでも季節のいい夏場なら、関東圏内だ

コマ切れの自転車旅で自分なりの目標を達成する喜び。

けでも500か所はあるので、どうしてもキャンプで移動したいのなら十分にカバーするだけの密度は備えられている。ただし冬場となるとほとんどが閉じてしまい、10件そこそこになってしまうので、キャンプ主体とはいかないようだ。

キャンプでは、夜間の天候急変にも対応するだけのスキルを持っていないと、悲惨な結末を迎えることになりかねないことを覚えておこう。だからキャンプ主体で自転車旅を試みたい人は、それなりの準備と経験を積んでから行くようにしてほしい。

これに対して宿泊施設を利用する場合は、天候、自炊の心配はないが、コストという大問題が立ちはだかってくる。

野宿であれば基本的には無料だが、居心地は悪い。治安的にも不安なままに一夜を明かすことになる。一方、宿に泊まるなら、治安的な問題も天候への不安も解消される。

しかし、かりに丸一年宿に泊まるとなると、宿泊費が馬鹿にならない。いくら節約しても、200万円近い金額が泊まるだけで飛び出していく。

ただ、身軽さは捨てがたい。連泊によって割り引いてくれるところもあるから、中枢都市や観光地を足場とし、周辺をぐるぐる回って輪行で帰り、雨の日は記録整理などに充てるようにすれば、いくぶんかは節約できるだろう。

コマ切れ旅という考え方

私は世界一周第1ラウンドで約6年、第2ラウンドで約1年2か月の時間を費やしているが、その後仕事の都合などから長期の休みを取ることがむずかしくなってきた。

そこで考えたのが「コマ切れ世界一周」である。赤道周囲が約4万kmだから、その半分を海として、2万㎞を走りつつ経線をひと通り横切ることができれば、それが世界一周の目安になるのではないかというわけだ。1回に500㎞の走行でも40回で2万㎞に届く。500㎞ならだいたい1週間で可能な距離だから、サラリーマンでも休みを取ることはできるだろう。

こう考えて、これまでに1回4日から7日程度の自転車旅を、ヨーロッパ3回、北米6回、アジア9回の計18回実践してきた（151頁参照）。

もっとも、この方法は長期休暇を取ることができないサラリーマンでも世界一周ができないかと思って考えたものだ。目標とする旅では長期間を要するが、まとまった時間を作るのがむずかしいのなら、このコマ切れ旅という方法もある。

135頁で述べるが、「東海道五十三次をたどる旅」を思いついたものの、必要と思われる10日の休みがまとめては取れそうもないという場合、自分が実践可能な形を考えると、コマ切れ旅が浮かんでくる。

たとえば、長期休暇は無理だが、土日の休みは大丈夫ということであれば、2日×5回で五十三次を巡る計画が立てられる（139頁参照）。

〔第1回・1日目〕東京・日本橋→平塚（泊）
〔第1回・2日目〕平塚→三島（輪行して帰宅）
〔第2回・1日目〕（輪行して）三島→江尻（泊）
〔第2回・2日目〕江尻→掛川（輪行して帰宅）
〔第3回・1日目〕（輪行して）掛川→白須賀（泊）
〔第3回・2日目〕白須賀→岡崎（輪行して帰宅）

［第4回・1日目］（輪行して）岡崎→桑名（泊）
［第4回・2日目］桑名→関（輪行して帰宅）
［第5回・1日目］（輪行して）関→草津（泊）
［第5回・2日目］草津→京都・三条大橋（輪行して帰宅）

このようにしてつないでいけば、週末の連休を利用した10日間で旧東海道を走ることができる。

もしも日帰りしか無理だという人は、1日走ったら輪行して自宅に戻り、次回は輪行して前回の終着地からスタートして1日走り、また輪行して自宅に戻る……ということを繰り返せば、10日目には目標を達成することができる。

少々たいへんだが、それはそれで楽しみもあるこのコマ切れ旅という方法を、まとまった休みが取れない多くの人たちにおすすめしたい。

第1章

準備する

自転車旅で使う自転車

経験を積みながら、自分のスタイルに合ったものを求めていけばいい。

道具をすべてそろえないことには、ものごとをはじめられないという人は意外と多い。もちろんサイクリングの世界でも、それなりの自転車をオーダーし、ウエアからパーツから小道具から、必要と思えるものすべてをそろえないことには、安心して第一歩を踏み出せないという人たちがいる。

なくても代用の利くものはいくらでもあるのだから、そんなものをそろえる前にさっさと走り出したらと思うのだが、当人にしてみるとないことには心配でたまらないらしい。

私がアドバイスしたくなるのはそういう人ではなく、いますぐにでも、とりあえず身の回りにあるものだけでさっさと行きたい、という人たちである。

とにかく自転車に乗って走る。走ったうえで、何をどうすればもっと快適な環境が作れるのかを考えても遅くはない。

最低限必要なもの

自転車旅に出かけるにあたって、何が不要なのかを考えてどんどん削っていくと、

①自転車
②乗る人
③法律に触れない程度にその人が着る服

の三つしか残らないことに気づく。要するに、これだけあれば自転車旅はできるということだ。

ルールが決まっているわけでもないから、何を着ようが、無一文だろうが、いかにくたびれた自転車だろうが、そんなことはどうでもいい。1日ためらえば1日分歳をとってしまうのだから、遅れたら遅れた分だけ生涯で行くことのできる範囲も、行ける回数も減ってしまう。考えている暇があったら、さっさと飛び出そう。

もしもこの本を仕事帰りの書店で手にし、この部分を読んだのならば躊躇《ちゅうちょ》することはない。次の休みにでも自転車にまたがり、隣の町まで走ってみることだ。

そのときが、あなたの自転車旅人生のはじまりだ。

自転車の条件

こんな自転車でなければ自転車旅はできないという決まりはない。走れる自転車でさえあればよい。初めて走ったときに、もう少しの快適さを求めたくなったら、それなりに工夫してからでも遅くはない。走ってみないことには、いいも悪いもわからないからだ。

その結果、徐々により高額な機種を追い求めていくことになるだろう。しかしそれはいかなる趣味でも同じこと。自転車だけが特殊なのではない。

より快適な自転車を選ぶにあたっては、以下の点について考える。

❶タイヤの太さ

大きく分けて3種類。太いか、細いか、その中間かだが、これでは大ざっぱすぎてわからないので、具体的な数字を出してみる。

もっとも一般的な自転車は26×1・3/8といわれるタイプで、大人の利用するほとん

このときはダートを走ることが多かったため、MTBに荷物を積みキャンプをしながら旅をした。ハイチ、ドミニカ国境付近　1993年3月

どの自転車がこのサイズを採用している。26がタイヤ外径で1・3/8がタイヤ幅だから、インチ単位のこの数値を聞きなれたミリ単位で表せば、タイヤ外径が約650㎜で、タイヤ幅が約35㎜となる。

これに対し風を切って走るロードバイクの細いタイヤはフレンチサイズを採用していることが多く、700×23Cのように表される。23C（タイヤ幅）はそのまま㎜となるが、タイヤ外径は実際に測ってみると700よりも少し短い。

太いのはMTBのサイズだ。マウンテンバイクと呼ばれるもので、タイヤ外径は26インチと変わらないが、タイヤ幅は2インチぐらいまで膨れあがる。つまり約51㎜ということだ。

タイヤの太さは何を意味するのか。自転車で進むにあたって、身体に受ける最大の抵抗は風だが、ほかにも意外と侮れないものにタイヤと路面に発生する摩擦がある。タイヤが細ければ路面との接地面も小さくなるので、当然発生する摩擦は少なくなる。その分だけスピードも出る、というわけだ。

だから摩擦の大きい太いタイヤはスピードが落ちる。しかし路面の凹凸をより広く踏みしめられるから、その分悪路には強くなる。

ゆえにMTBは、舗装が行き届いていない河川敷のサイクリングロードや、田んぼのあぜ道といえども安心して乗り入れられるのだ。そんな道をロードバイクで走ったら、たちまちリム打ちパンク（53頁参照）を起こしてしまう。

もうひとつ、もっとも安価でポピュラーな、いわゆるママチャリや実用車は、構造自体からして長距離には向いていない。車体重量が重いうえに、サドルが低くひざが伸びないから、力を出せないのである。これでは峠も上りにくければ長距離もきびしい。

しかしそのような自転車しか手元になく、かといって新しいロードバイクを買う余裕もない、という方は多いと思う。

そこで本書の出番だ。

ママチャリや実用車を、いかに効率よく走れるように改造するか。やることはたったの二つ。まずはタイヤの空気圧を適正まで高めること。このたったひとつのことだけで足回りは数倍軽くなる。空気圧が高くなれば路面と接地する面も小さくなるのだから摩擦も減る。そうすれば抵抗も減って軽くなる、というわけだ。

もうひとつが、ひざが伸びきるまでサドルを上げること。伸ばしきった足が曲がっていては、力は十分にクランクまで伝わらない。その状況を作ってペダルを踏んでみればすぐに理解できる。

この2点だけ解決すれば、たとえママチャリしかないとしても、あなたの自転車は見ちがえるようになることをお約束する。

◎ママチャリにも利点はある

自転車の発達したヨーロッパでは起こらないが、アジアや中南米ではロードバイクに乗っていると、ふだん見かけないタイプの旅人に、地元民から注目を浴びてしまう。その結果どうなるかというと、人がわんさかと集まってきて、行動が著しく制限されてしまうのだ。アフリカではとかく珍しがられて、村に着くたび連日のように鼻たれ小僧たち数十人を率いたものだ（161頁の写真）。

静かな旅を望みたかったら、地元の人に溶け込みやすい、もっとも普及しているタイプの自転車、いいかえればいちばん安い自転車を利用して、目立たなくすることも考えたくなってくる。

私は、この手の自転車での長距離走行の経験がこれまでに2回ある。いずれも中国で、広州から桂林までの595㎞と、蘇州から上海までを寄り道しながらの475㎞だ。ともに許された休暇日数7日を丸々利用してのゆっくりとした旅だった。

それでもできたのだから、ロードバイクにこだわることなく、街中で簡単に手に入るこの手の自転車でも旅は楽しめる、といえる。

現地で購入したママチャリ（7600円）で蘇州から上海まで走る。変速機はついていない。中国・蘇州市内　2009年12月

❷車体の重さ

軽いに越したことはない。素材の技術進化により自転車は年々軽くなり、かつては総重量が10kgを割る自転車などほしくても価格的に手が出なかったものだが、いまでは驚くほど安くなっている。それどころかMTBですら、車重1桁台が登場するご時世だ。

自転車の軽さが何を招いてくれるのかといえば、足回りのよさである。1万円台のママチャリだと総重量が20kg近くになるので、ロードバイクの主流が8kg台であることを考えれば、試さなくてもその差は歴然としている。

平地ならまだしも、坂道になったときや輪行するとき、重い自転車を持っていたら放棄したくなるほどの憎しみを覚えることだろう。

❸自転車のサイズ

これは一般にフレームサイズ、およびタイヤサイズという名で呼ばれている。フレームサイズとは自転車本体の大きさで、タイヤサイズとはタイヤの大きさのことだ。タイヤサイズは乗る人の体格にさほど大きな影響は与えないが、フレームサイズは重要になる。

しかし厳密に考えることはない。中にはミリ単位でこだわる人もいるが、それはコンマ何秒を争うレースの世界の話だ。周辺部品の微調節でどうにでもなるので、フレームサイズは身長10cm単位で考えれば十分だというのが私の意見だ。

身長とともに体のスケールとなる体重だが、こちらは自転車の選択にさほど影響はない。しかし無条件ということはなく、１００kgを超えるような立派な体格の持ち主ならば、自転車屋さんに相談したほうがよさそうだ。

❹部品の古さ

これも多少の影響が出てくる。

私は根がズボラなため、部品の交換が遅れがちだ。行きつけの自転車店・ＧＩＲＯさんからは、メンテナンスのたびに「どんな状態になってやってくるのかいつも恐怖だ」と言われながらも「それを復活させるところに技術屋としての血が騒ぐ」などと、よくわからない批評を受けながら20年が過ぎている。

サイクリストにも性格がある。少しでも軽快に走りたい人は、じっくりと時間をかけて調整に調整を重ね、より完全と思えるところまで整備してから、街中に乗り出していく。

しかし私は、わずかな調整に時間をかけるくらいなら、少しでも長く風を切っていたい。

アフリカでは部品の現地調達はむずかしかったため、あらゆる部品を大切に使った。このときはスポークを張り替えた。ブルキナファソ・ボボジュラソ　1985年3月

だから調整もそこそこで満足し、部品だって限界を超えてまで使いこんでも気にならないのだ。

それでも使いつづければ、いつかは限界と悟るときが必ずやってくる。そのときになればいくら私だって部品を交換する。ただその期間が、ふつうのサイクリストより少しばかり長いだけのことだ。そして交換したとき、その使いがってのスムーズさに、やはり新品はいいなと思うのも事実である。

1981年から87年まで海外を走っていたとき（世界一周第1ラウンド）は、地域によっては部品の調達に手を焼いた。アフリカに入るやフリーギアが壊れ、空回りするようになった。しかし1枚のギアですら、百貨店のスポーツコーナーのショーウインドウに仰々しく飾られていたぐらいだから、5段のフリーギアなどあるはずもない。やむなくその1枚を買って、前3枚だけの3段変速でアフリカ大陸の1年間を切り抜けてきた。

この地域に住む人たちはそのような環境ですごしているのだから、いかなる部品も限界どころか、それを超えるところまで使っている。

数えてはいないが、いま使っているチューブにはおそらく10個以上のパッチが貼られていると思う。そのチューブを見て、たった800円なんだから新しいのにしたら、と言われるのだが、アフリカの人々の物を大切に扱う姿を知り、自身も貧乏のどん底を味わってきただけに、使えるうちは使いつづけたいのだ。

部品は新しければ新しいほど快適だ。これに対する異論はだれにもあるまい。ただし、それにはそれ相応の流通とコストが付随するのである。

自転車旅に持っていくもの

荷物は自分なりに吟味して、できるかぎり少なくするのが賢明。

それなりの服を着て自転車で走り出せば自転車旅がはじまるが、移動中に緊急事態が発生したときのことを考えると、もう少し身につけておきたいものがある。それを私の経験から必要と思われる順にあげてみよう。

私の携帯品ランキング

❶修理道具一式

筆頭は修理道具一式だ。

10km程度の距離なら、何が起きようとも自転車を放棄して歩いて帰ることができる。しかしそれ以上に自宅から離れてしまったら、簡単に「自転車を置いて歩いて帰りましょう」とはいかなくなる。

いかなる状況であろうとも、再び乗れる状態にもどさないことには、帰ることすらままならない。

よってまっさきに必要なのが修理道具となる。そろえる物品は、移動中の自転車に起こる故障のうち、

①頻度の高いものを修繕する場合

②めったに起こらないが起きたら動けなくなる場合

の修理を想定するのが大原則となる。

韓国・京畿道を4日間で328km旅したときの全装備。これに輪行袋が加わる。日数が増えても荷物の量はあまり変わらない　2006年9月

具体的にはパンクを修理できる道具一式とチェーンカッター、それにそれらを扱うとき必要になる軍手だ。

❷現金

それでも修理できなかったら、後日取りに行くことにして、なんらかの交通手段に頼るしかない。そのとき自転車は駐輪場へ、わが身は電車へということになる。いずれにせよその費用がかかる。

以上、2点が必ず持っていないと不安になり、うっかり忘れてしまうと出直しするしかないという必需品である。

❸スペアチューブ

パンクはその場で修理してもいいが、スペアのチューブに取り換えるという方法をとれば時間の短縮が図れる。したがってスペアチューブを1本持っていると心強い。

❹地図

目的地周辺の5万分の1の地図を持っていこう。地図の中でこの紙面がもっとも見やすいからだ。

これは地図の御本家、国土地理院の発行する国土の基礎となる地図である。それだけに見やすいのだが範囲が狭く、1枚の紙面がカバーするのは経度・緯度にしてわずかに縦10分、横15分でしかない。縦10分ということは20kmにも満たないわけだから、南北に100kmを移動したかったら、5枚もの紙面が必要になってくる。

したがって、行動範囲が3日に及ぶとか、せわしなく広範囲を走り回るような自転車旅なら、少し見づらくなるものの、地域ごとに日本を7分割する。ツーリングマップルシリーズ（昭文社）がおすすめになる。ちなみに縮尺5万分の1の地図では、1㎞は紙上で2㎝になる。

❺水筒

脱水予防のためにないと不安になるので、夏に2時間以上走るのなら必需品となる。中に詰める飲料は自分の好みで決める。

夏に100㎞以上走るのならボトル2本が望ましい。1本は好みの飲料水、もう1本は純粋な水である。水の用途は飲料だけではなく、熱のこもった体を冷やすために、あちこちの部位にかけるラジエーター代わりとしても使える。もちろん飲むこともあるので、必ず飲料水であること。

❻磁石

自転車旅で道を見失ったところで、登山のように生命までもが危ういと感じられるような迷子になることはない。よって磁石の使い道も登山とはちがい、遠くの風景の確認が大半となる。たとえば、地平線近くに見える町のランドマークや、遠くの山並みを特定したくなるときだ。

磁針が多少ずれても地図を読むうえではさほど問題にはならないので、100円ショップで手に入るもので十分。より正確に現在地を読みたいと思ったら、アウトドアショップで売っている上位機種を手に入れよう。方向感覚に絶対の自信があるというのなら持たなくてもいい。

❼スマホあるいは携帯電話

これは自転車旅の必需品というよりも、生活上手離せないものかもしれない。全国情報満載の動く図書館のようなもので、アプリケーションの内容によっては非常に心強い情報源になるのだが、私には使いこなせないのでアドバイスがむずかしい。

唯一できるアドバイスは、電池切れや破損への対策だ。事故による予想外の衝撃や、バッテリー切れで稼働しなくなったら、単なるごみとなんら変わらなくなる。そのときその利便さにどっぷりと浸ってきた人は、アウトドアという非日常的な行動下で、手足が使えないような状態に陥ることを覚悟しなければならない。また地図は、デジタル画面でも用は足りるのだが、紙のほうが断然見やすい。

ちなみに、私は携帯を極力持たないようにしている。旅の途中で煩わしいことに悩まされたくないからだ。

❽季節や天候により必要になってくるもの

気温が下がるほどに着こむ衣類が多くなってくる。夏ならTシャツに短パン、そして靴下に靴のみですむが、春秋だとウインドブレーカーが加わり、ときとして長袖ウエアに長ズボンもほしくなってくる。

雪が近づけばさらにもう1枚増やしたくなり、1ケタ台まで気温が下がってくると、ネックウオーマーの存在がほのかな幸せを感じさせるように暖かく包んでくれる。

◎手袋

冬の防寒具のひとつであり、夏の手汗の滑り止めとしても使用できる。ただし夏冬同じ手袋で防寒と汗止め兼用というわけにはいかない。構造があまりにもちがうからだ。なお、これとは別に修理するときの軍手も必要になる。

ⓐ夏バージョン：夏の汗止めは、自転車専門につくられているから汎用性がない。名前も手袋というよりもスポーツタイプのグローブといったほうがふさわしく、手のひらが革かそれに近いもので、甲がメッシュ、指先がない、というタイプのものが多い。なくても走ることに問題はないが、あったほうがハンドルを握る手が滑らないので快適、というレベルのアイテムである。

ⓑ冬バージョン：冬の防寒具としての手袋は寒さを防ぐのが目的なのだから、好みにあったいかなる手袋でもかまわない。したがって、手持ちのスキー用や作業用手袋による代用がいくらでもきき、それがいちばん経済的だと考えている。ただし、おしゃれなだけの外出用は避けたい。確実に1回でダメになるからである。

ⓒ軍手が最高：いろいろと試してみたが、防寒対策なら軍手がいちばんだという結論に達している。左右もないうえに、とにかく指の運動が妨げられにくい軍手は、なにかと扱いやすいのだ。

まずは防寒だが、1枚で寒ければ重ね着できるところに軍手のよさがある。2枚でも指先が冷たいと感じたら、3枚重ねだって可能だ。目が粗いから冷気が通りやすいと感じたら、スキー用手袋やオーバーミトンを使うと効果を高められる。

そして最後に、〝軍手ぞうきん〟という手がある。これこそが軍手の活用をサイクリストにどんどん広めたい、すばらしき性能のひとつだ。手軽なのでいつもやっていたのだが、購読していた新聞の大掃除特集に、軍手ぞうきんが人気ナンバーワンとして載っていたのには驚いた。

軍手ぞうきんとは、軍手をはめたまま対象物をさするだけの簡単な掃除方法である。指が自在に曲がるので細部まで届き、予想以上の掃除効果が期待できる。

これは世界一周中に一時期行動をともにした、サッカー専門のあるカメラマンの発言からヒントを得た。

「靴下をきれいに洗濯したかったら、はいたままシャワーを浴びるといいよ」と言うので、だったら手袋もそうではないかと思い、防寒用に使って少しほこりのかぶった軍手をはめた手で体を洗ってみたら、軍手そのものがタオルの代わりをしてくれ、きれいになるし体も洗いやすいしと、まさしく一石二鳥であった。

それなら自転車の洗車でも応用できないかと考え、あるときこの方法で自転車をさすってみた。失敗だった。チェーン、ＢＢ（ボトムブラケット）、ハブ。ジョイント部分からはみ出る汚れた油を、フレームまで伸ばすことになってしまったのだ。

ブレーキシューが活躍するリムサイドも、オイルがついてしまうと効果が薄れるうえに、摩擦音までやかましく聞こえるようになる。これでは使えないではないかと思ったが、よくよく考えてみれば、オイルに汚染される部分を触らなければいいだけのことだ。

それで次は、①きれいだがもっときれいにしたい部分（フレーム、フォーク、リム）、②はなはだしく汚れているので通常の状態に復活させたいところ（ブレーキシュー、ブレーキ回り、フロントギア周辺）、③チェーン、ハブなど油べっとりで触りたくないところの3か所に分けてなでることにしたら、短時間で見ちがえるようになった。

軍手は一双50円もしない。一ダース買ったところで５００円前後だ。とはいえ、なるべくなら節約したい。そこで軍手を段階別に使う。

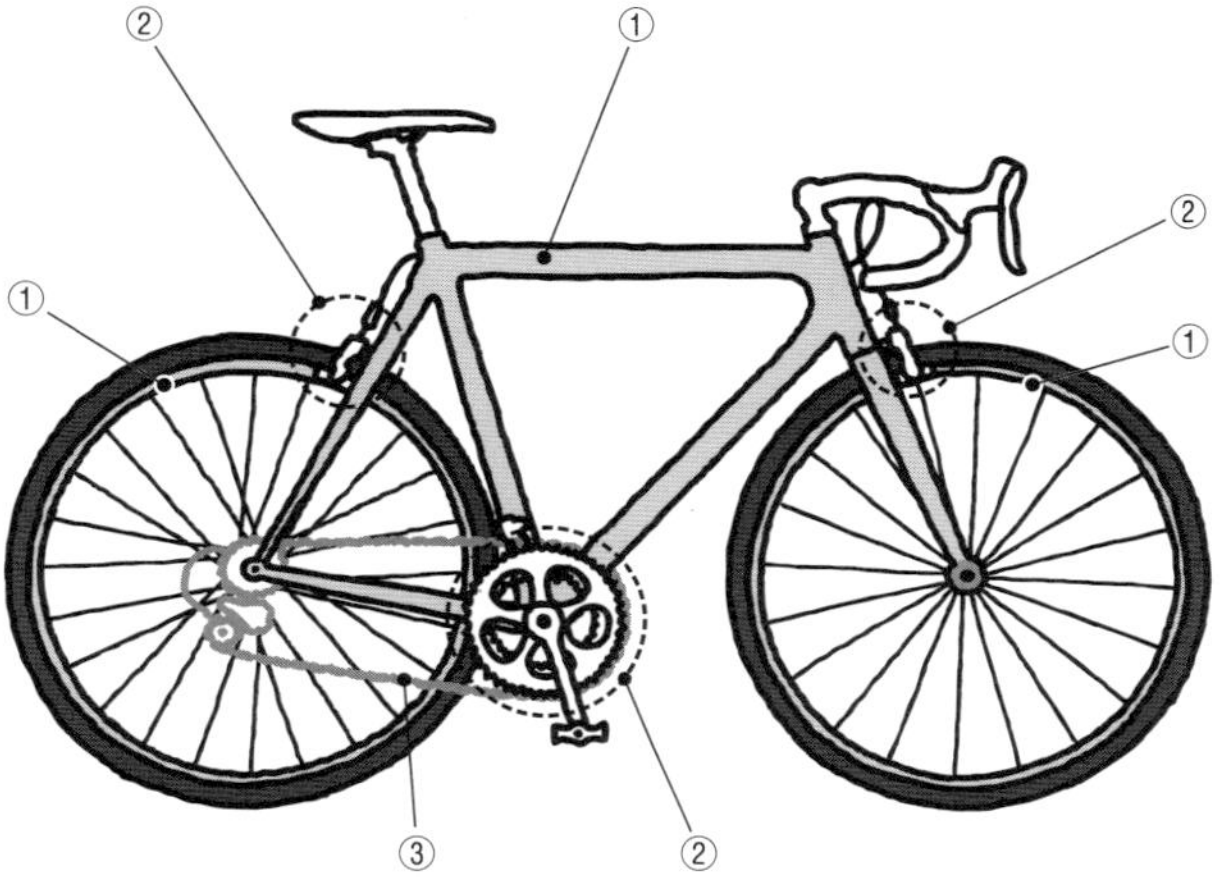

軍手の利用法
防寒用としてくたびれてきたら、軍手ぞうきんとしてまず①の部分（本文参照）を拭く。次に②の部分に移り、最後に③の部分を掃除する

（1）防寒用
（2）くたびれてきたらフレームなど（前記①）の掃除用
（3）つづいて汚れ部分（同②）の掃除用
（4）最後にチェーンなど（同③）の掃除用

こうすると経済的だ。なお、ギア周辺やワイヤー末端など、けがをしそうな場所は、掃除用ビニール手袋の上からはめると手を保護できる。

◎帽子

夏の日よけ、雨天時の雨よけ、夜の対向車のハイビームよけと利用価値は非常に高い。

帽子といってもいろいろとあり、それぞれに使ってみたが、野球帽がいちばん使いやすい。荷物としてかさばるのであれば、自転車用のつばの小さなものを選ぶ。

◎バンダナ

夏場に汗止めとしての鉢巻、および後頭部に垂らして熱射防止（91頁の写真）、けがをしたときのガーゼ代わり、ちょっとした風呂敷にと活躍の場は多い。

◎雨具

雨が降ってきて濡れたくないと感じたら必需品になる。このとき、ちょっと高級すぎると思っても、奮発して山の専門店などで売られているものにして、ホームセンターにあるような、裏地がゴムでコーティングされた安物にはしないこと。

自転車でペダルを踏むという行動は、歩いているときとは比べものにならないほどの運動量だから、そのような通気性のともなわない雨具を着ると、中が異常に蒸れて濡れる以上に汗をかくからだ。サウナ的環境を効率的に作りたいという人にはおすすめだが。

❾ライト

ライトが年々進化し、同じ電圧でありながら明るさがどんどん向上している。しかしどんなに進化しても昼の明るさにはかなわないので、明るいうちに走り終えるのが安全のための大原則となる。

汎用性も高い。見学先の細部が暗くてわからないということがときどき起こる。たとえば古城の一角とか、洞穴、夕ぐれ時の遺跡などである。夜の路上だけでなく、このようなときでも自転車のライトは活躍する。

一方で困った点もある。まずは構造がやたらと複雑なこと。そして乾電池の消費量が大きいこと。防水機能の劣化で侵入した雨水が除去できなかったり、乾電池を入れたいのにカバーが開きにくかったりと、あえて使いづらくしているのかと疑いたくなるものがじつに多い。ユーザーからしてみればふつうの懐中電灯をパワーアップさせるだけで十分なのだが。なお、行きつけの自転車店ＧＩＲＯさんの情報によると、売れ筋はキャットアイのボルトというタイプだそうだ。

❿個人の都合によるもの

私の場合、年齢とともに必要となってきたのが次の二つのものだ。

◎眼鏡

40代後半になったころからルーペが欠かせなくなった。その原因は視力の低下というよりも文字の矮小化である。印刷物がよりコンパクトになったために、文字も小さくなり、夜に路上で地図を見ていると、6なのか8なのか9なのかわからなくなってきたのだ。

50代になるとまさしく視力の低下でルーペの使用頻度が増え、しかも明るい昼間でも見えなくなってきた。視力の低下でもっとも困るのが、夜間に発生したパンク。穴が見つからないのである。そのため、いまでは移動中のザックに眼鏡が欠かせなくなっている。

◎サングラスと目薬

これまた30代までは無縁で、夏の日差しをまぶしいとも感じなかった。ところが40代になると、走った翌日に目の乾きが気になるようになり、目薬を1日に何度もつけるようになった。

そのことを友人に話すと、サングラスをかければいいだけではないかとしきりとアドバイスしてくれるのだが、最盛期には抜群の視力を誇った目だけに、眼鏡をかけた経験がない。それでもアドバイスを受けてサングラスをかけてはみたものの、目の前に異物が存在する違和感からかえって疲れ、やがてくる眼痛に1時間も耐えられなかった。

しかし目薬の消費量が馬鹿にならないところまで増えてきたし、走行後の羞明《しゅうめい》（強い光を受けた際に生じる不快感や眼の痛み）や翌日の角膜の乾き、結膜炎も無視できなくなっている。ここにいたって翌日とその場の、どちらの眼精疲労をとるかの板ばさみにあい、耐えているうちにサングラスに慣れてきた。

したがって、サングラスをかけるようになったのは50代になってからだ。同時に眼精疲

サングラス嫌いの私だが、このときばかりは日差しの強さにかけざるをえなかった。ペルー、ボリビア国境のチチカカ湖付近 1982年6月

労を翌日に持ち越すようなこともなくなったが、慣れるまでは非常につらかった。

快適さを維持するには、加齢とともに周辺グッズも増えていく傾向にあるようだ。

⓫輪行袋

長距離移動などの際、公共交通機関の力を借りたいときの必需品だ。

輪行袋を使った大部分のケースは、目的地に着いてから袋を広げて自転車をたたむという予定された行動だが、ごくまれに進退きわまる事態に陥って、不本意にも鉄道で回避せざるをえないということが起こる。突然の自転車の故障、仲間の体調不良、突発的な事故などで、これらに遭遇するとその先に進めないから輪行するしかなくなる。

それよりも確実に多く、わずか1駅でありながら輪行せざるをえなくなるのが、自転車通勤をしている私の場合、いきなり宴会が入ったときだ。

仕事が引けたときに話がはずんで、急に飲むことになった。だれかが「○時、○○に集合」と音頭をとったとき、サイクリストは輪行を考えなければならなくなる。宴会場までは自転車で行けても、アルコールが入った瞬間、そこから先へは進めないからだ。そのため通勤に輪行袋は離せない存在になっている。なお、輪行については110頁参照。

⑫資料

行先や行動に目的があるのなら、それらに関する資料が必需品となる。

⑬行く場所により準備しなければならないもの

海外は、国内のように思い立ったら即出発とはいかず、それなりの準備が必要になる。国内では不要だが、海外では必需というものにパスポートがある。外貨も必要といえば必要だが、クレジットカードや銀行カードを持っていれば現地でも引き出せるので、さほど気をもむ時代ではなくなってきた。

航空チケットは国内でも必需だが、海外となると待機時間が国内の比ではなくなる。通関という関所も抜けなければならない。日本語で押し通す強引さがあれば不要だが、辞書もどちらかといえばあったほうがいい。国民健康保険などが使えないので、保険も一部項目に限りオプション加入への検討を考えたい（71頁参照）。

なお、海外へ行く場合は変電器とコンセント変換アダプターを忘れずに。100Vの国のほうが少ないし、コンセントの形が国によってバラバラなのだ。

自分なりの必需品が増えてくる

そのほかにも目的に見合った特殊な携帯品がいくらでも加わってくるが、それらをいちいち述べていたらきりがない。経験を積みながらあったほうがいいと感じたら、荷物が増えるほど行動が妨げられることを念頭に置きながら用意していこう。

サイクリストの目的は十人十色だ。なかには想像すら及ばぬ旅を追求するつわものもいる。おのれが抱くひとつの目標に徹して旅を進める人たちで、そういう彼らに敬意を表して○○ハンターなどと呼ばれている。

多いところではパス（峠）ハンター、最近増えたグルメ専門に固執するラーメンハンター や醸造元ハンター、歴女の小江戸ハンターや城郭ハンター、古戦場ハンター、おのれの限界挑戦のタイムトライヤー、などなど。

いずれもバックパッカーだが、世界中の床屋に行って、その価格と技術に対する物価水準を調査している男もいたし、橋梁設計専門の友人は橋にさしかかるたびに立ち止まって観察していた。中南米には赤線研究家と呼ばれる者がうじゃうじゃいたし、合法ゆえにさまざまな物品を工作しては、より効率よくハイになろうとケムリを吸いまくるジャンキーも、そこかしこにいた。

その目的を突き詰めるがゆえに、考えつかないような必需品がいくらでも登場するのはいうまでもない。

旅の記録を残す

昔に比べると、とにかく記録が残しやすくなった。その記録が日の目をみるかどうかはわからないが、残しておけばいつかだれかが見てくれるときがくる。

たとえそんな日がこなかったにしろ、自分の人生の一コマとして残すだけでも、十分に価値があるといえるのではないだろうか。

世界を放浪していたころは苦痛になるほど時間を持てあました。おかげで膨大な日記を書き綴ることができ、それがいまでは何冊もの本を書くことへの強力な原動力となっている。将来、何がどう転ぶのかはだれにもわからない。

とにかく記録は残そう。後につづく者のためにも。そして何よりも自分のためにも。

荷物の収納法

いろいろと工夫しながら、自分なりのスタイルを確立していく。

6年間の海外自転車放浪の友・片倉シルクキャンピング。帰国したときには前の泥よけがなくなっていた。職場の寮にて1987年3月

収納について考えた場合、ザックを背負うか否かという問題が発生する。私がサイクリングをはじめた40年前は、レーサージャージなど存在しなかった。だからいかに小物といえども、収納する場所を確保しなければならなかった。

そのときの収納先として、まっさきに選ばれたのがフロントバッグと呼ばれる、ドロップハンドルの前に収まるように設計された直方体のバッグである。それを支えるためにはフロントフォークと泥よけを支点とした専用のキャリアが必要だった。

当時はまだまだ未舗装の道が多かった。国道と名のつくところでも、峠越えになるとダートがいたるところに存在した。欠かせないパーツだった泥よけは収納場所の確保にも利用されていた。

したがって、あの時代のサイクリストが乗るのは、タイヤサイズが26×1・3/8、泥よけあり、前後キャリアあり、ペダルはトゥークリップ、BBもハブも自分で開いて調整、フロント2枚の10段変速、といった感じの自転車であった。ちなみにこのタイプの車種をキャンピング車といった。

そして荷物は、まずはフロントバッグ、そしてフロントとリアのサイドバ

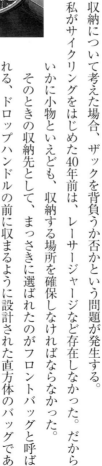

フロントバッグ、フロントとリアのサイドバック、プラス荷台に荷物を満載して旅をした。エクアドル・アンバト　1982年5月

ッグに収め、収めきれない長旅に出るときは、うしろの荷台にもくくりつけるか、背負ったのである。

背負っても苦にならないザック

背負うザックにしても、ただの袋にストラップがついているだけとしか思えないほど貧弱な代物ばかりだった。

ある程度の金額を覚悟すれば、それなりに担ぎやすいザックを手に入れることができたが、そもそも自転車で移動しようなどと考えつくのは、交通費を捻出できない者が多かったから、粗悪とわかっていても安物しか買えなかった。

その結果どうなるかといえば、背中はいつ治るとも知れぬ慢性あせもに悩まされ、背に接する部分に収納された紙類はことごとく汗に濡れて、使いものにならなくなった。

そこでダメにしたくないものはビニール袋で保護をする。するとますます蒸れて、あせもは悪化の悪循環だ。寮の風呂に入るたびに、「どうしたのその背中」と、何度言われたことか。

そんな悪環境が、レーサージャージの出現で一蹴される。

背中ポケットという革命的デザインにより、小物なら収納場所に困らなくなった。同時に自転車も目的別にロードバイクとＭＴＢが主流となっていく。

とはいうものの、日程が延びれば荷物も増えるから、いずれ背負うことになる。キャリアをつけてそこに積みこめば解決するものの、取りつけることによって起こる構造の複雑化が煩わしい。

さあどうしたものかと思案していたある日、画期的なザックを発見する。ドイター社（ドイツ）の製品で、その様式は2タイプ。

背中に当たる部分が密着しないように大きく湾曲させ、当たるのは背の高い部分と腰の両サイドおよびその間に張られた網状のボードのみ、というデザインのエアコンフォートフレックスライト。これで背中とザックの間を空気が通過するようになり、多くのサイクリストはあせもから解放された。

もうひとつが背の当たる部分に設けた、縦のトンネル構造によって空気を通し蒸れをふせぐエアストライプである。私は両方をサイクリングと登山で使ってみたが、サイクリングにはエアコンフォートフレックスライトのほうが向いており、いまでは自転車旅の必需品となっている。

荷物の多さが行動を制限する

荷物の量が行動範囲を決める。これは旅の原則だ。

とにかく持たないことを考える。旅に慣れない人はものがないと不安で、何かと持ちたがる。すると荷物は増え、増えれば重くなり、重くなれば行動半径はおのずとせばまってくる。

どうしても必要なら途中で買うことにして、何も持たずにある程度の距離を走ってみる。そうすれば、なくても動けることが実感できるはずだ。そのうえで必要だと判断されたものは、いかにして小型化するかを考えていくのがベストだ。

❶ザックなし

レーサージャージのみで行動することを意味する。したがって、背中はつねに解放されている。この状態がいかに爽快かは、背負ったときの肩の負担や背中のうっとうしさを振り返れば感謝したくなるほどだ。

ただしレーサージャージの夏服と冬服では、収納能力に著しい差が出てくる。生地の薄い夏服は重量に耐えられないので、厚い冬服に比べると圧倒的に劣っている。

夏服で背中ポケットに収納できるのは、パンク修理セット、タオル、地図、ワイヤー錠などだ。これ以上入れると重みで後方に引っ張られて、着心地が悪くなる。一方の厚手の冬服ならもう少しいける。

後方には視線が届かないので、出し入れのときに落としても気づかない。そんなとき悔やまぬように、失くしても精神的ダメージが小さいものであることも重要。

もちろん貴重品は目のいきとどく体の前面におく。コンパクトデジカメ、スマホ、財布といったあたりが対象となる。

固いものは落としたときに発生する音で気づくが、布製のものはまずわからない。ことに雨の日は、雨音に消されてなおさらわからなくなる。その点も考慮して収納するようにしたい。

最初はカラフルすぎるレーサージャージに抵抗があったが、その機能性からいまでは愛用している。フロリダ・ブレイデントン　2005年2月

❷ポケットで収納しきれなくなった場合
◎ウエストバッグの利用

2ℓ程度の小型でも、背中に当たらないだけに汗が気にならないし、地図や文庫本ぐら

1週間程度の自転車旅であれば、48頁写真の装備と8ℓのザックで十分間に合っている

いなら収納できる。

ファスナーを締めれば落とし物対策にもなるので、貴重品の収納も可能だ。標準的な日帰りコースの自転車旅ならこれでOK。

◎5ℓのザック

1泊旅なら、このタイプのザックでどうにかなる。

日帰りと比べて増えるのは1日分の着替えと、ホテルに入ったときに必要になるものなので、5ℓもあれば十分に収納することができる。

ウエストバッグやメッセンジャーバッグとしての5ℓサイズもあるが、腰だけでこの量を丸一日支えるとなると、肉体的にもバランス的にもかなりハードで、背負ったほうがまだ楽だというのが使ってみての印象。

◎10ℓのザック

自転車通勤をはじめるとこのサイズがどうしても必要になる。2泊コースでもこれぐらいがほしい。

自転車通勤で増えてくる荷物は、通勤中の天候悪化に備えての雨具、汗をかくので着いてからの着替えとシャワーセット。もちろんパンク修理セットは欠かせないし、仕事に必要なレポートも納めたい。そのほかにも小物が細々と増えていく。するとどうしてもこのぐらいのサイズは使いたくなってくる。

必要なものを袋に入れてハンドルの間にセットし、雨具と輪行袋はサドルの下に納めるのが私のスタイル。マレーシア・セガマット　2008年9月

苦痛なく背負えるのはこの辺りが限界になる。

◎15ℓのザック

自転車通勤の帰りに買い物に迫られたときとか、特殊な目的をもって移動するときなどに、このサイズでよかったなと実感する。ブログ用の写真をより鮮明に撮りたいと望遠レンズつき一眼レフを持つとか、各地の地酒をコレクションしたくてゴールの町で買ってくる、といったようなケースである。

28kg背負っての走行

私が育ったのは、見渡すかぎり田んぼという稲作農家だらけの田舎なので、頼まれて背負ったお米半俵がこれまでの記録だ。

農家で流通するお米は最低量が30kgで、通称、半俵と呼ばれる。ただしこれは玄米であって、ここから糠を落とさなければならないので1割ほど重量が減る。そこにザックそのものの重量が加わって、合計28kgとなった。

これを背負って5km先まで届けたのだが、これだけの荷物が背中にあると、とかくカーブが曲がりにくい。背中が外側に外側にと振られてしまい、いかに速度を落としても、侵入車線のセンターラインまで行かされてしまうのだ。しかもロードバイクだったものだから、路面をしっかりととらえられない。背負うのは10kgまでだと痛感した米半俵だった。

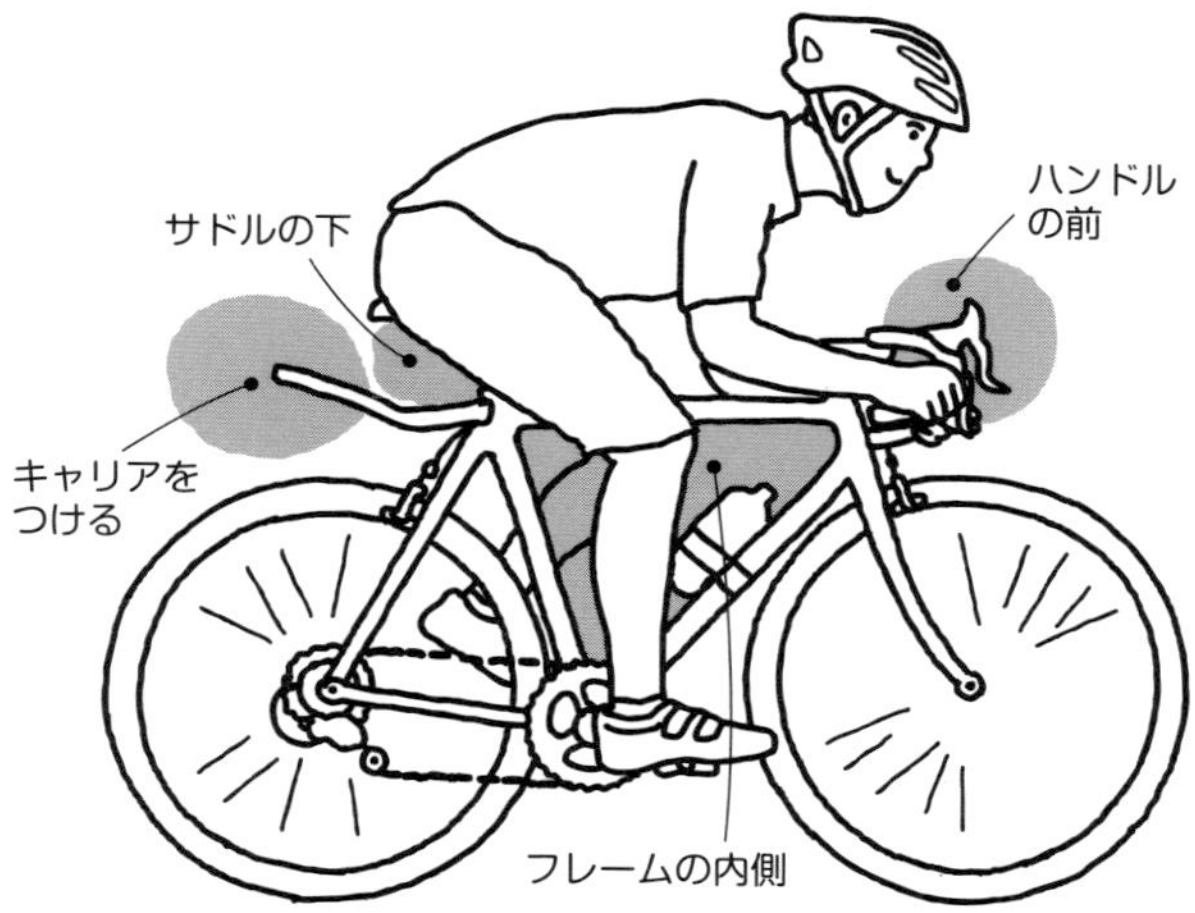

荷物の収納箇所
ザックを背負うのが嫌なら、いろいろ工夫すれば自転車に荷物を持ってもらうこともできる

自転車の収納場所

ロードバイクであっても、工夫すれば荷物を納められる空間がある。ハンドルの前、サドルの下、フレームの内側などだ。このほかに、輪行のときに少々面倒になるものの、キャリアをつけるという手がある。

❶ハンドルの前

ここにキャリアなしでつけられるハンドルバーバッグを取りつければ、視線が届くのでものを落とす心配もなく、出し入れもしやすい。大きさはいろいろあるが、5ℓから10ℓが適当だろう。雨の日はビニールなどで包んで保護する必要がある。私はバッグを用いず、必要なものを袋に入れて、マジックテープでとめている。

❷サドルの下

ここは意外と広い空間で、サドルバッグを取りつけて利用する。取りつけ法や容量にはいろいろなタイプがあるが、1ℓから3ℓくらいが多いようだ。

私はバッグを用いず、雨具、輪行袋、スペアチューブなどの形の定まったものを袋にまとめて取りつけるようにしている。

❸フレームの内側

ここには小型の水筒2本分のキャリアが装着できる。しかし、夏場以外は2本も必要ないので、ひとつのキャリアに形をまとめた輪行袋や雨具などを収納する。水筒のような入れ物に必要な小物を納めている人もいる。

必要最低限のメンテナンス

パンク修理さえできれば、トラブルの多くは日ごろのチェックで回避できる。

まずは自転車の維持費について考えてみたい。私は自転車の使い方が非常に荒いので、高級車をていねいに長持ちさせるというよりも、そこそこの自転車を一定期間で回転させるという方式をとっている。

具体的には、本体価格25万円程度の自転車を5年を目安に買い替えているので、年間5万円。年に1回自転車店でメンテナンスしてもらうので、このときに消耗品パーツを替えてもらい5万円。そこに自分でも交換可能なタイヤ、チューブ、ブレーキシューなどの消耗品代、保険代、ライトなどのアクセサリー代、電池代などが加わって、年間5万円。体が資本の自転車だから、食べないことには走れない。よって一般の人より増える食費がたぶん年間5万円分。これで総額20万円となる。

これを高いとみるか安いと考えるかは人それぞれだが、自分が心底のめり込める趣味に月平均16000円というのは、決して高いものではないと思う。

どんな故障があるか

自転車が動かなくなったらそこで終わり。サイクリストを自称するなら、少なくとも走れる状態まで持っていくだけの技術は身につけておきたい。

これまでに起きたおもな故障は以下のとおり。

・パンク
・ブレーキワイヤー切れ
・ブレーキシューの摩耗
・スポーク折れ
・チェーン切れ
・油切れ

以下、これらについて述べていく。

進行を妨げる故障の中で圧倒的に多いのがパンクである。だから、パンク修理さえマスターすれば、トラブルの大半は回避できるといっても過言ではない。

おもなパンクの種類

修理の仕方は、親切ていねいに解説する本が多数存在するので、そちらに任せることにして、ここではパンクしたときの心構えとその特徴を説明したい。

まず確認したいのが、サイクリストたるあなたは、これまでに何度のパンク修理をこなしてきたか、ということだ。

・ゼロ
・したことはないが修理を見たことはある
・5回ぐらいは自分でやった
・20回以上ある

ある自転車の集会に参加したところ、「ゼロ」と「したことはないが修理を見たことはある」で半分近くを占めていたのには驚愕《きょうがく》した。最近のチューブは、以前のものと比べてパンクしにくい素材でできているらしい。

しかし自転車に乗りつづけていれば、いずれにせよパンクから逃れることはできないので、いますぐにでも修理の練習だけでもしておこう。

やり方は原因によって変わってくる。大まかにいって5パターンあるが、このすべてをマスターしなくても、どういうちがいがあるのかだけは知っておかないと、適切な修理はできない。20回ぐらいの修理経験があれば、あらゆるパターンに遭遇してきただろうからまずは安心だといえるが、それでも完全とはいいがたい。

パンクには、次の5種類がある。

①小さなガラス片、針状の金属を踏んだ
②リムうちパンク
③前回の修理がいい加減だった
④いきなりバースト
⑤多重発生

①と②が主たるケース。③もときどき見かける。④は超長距離を走行中にタイヤの補給難にでも陥らないかぎりありえない。⑤も半砂漠地帯などに落ちているトゲ状の植物を踏むか、パンクをパンクと気づかない超初心者が、パンクしたままガタガタと延々走ってチューブを痛めたときにしか起こらない。

そこで、①から③について説明する。

❶小さなガラス片、針状の金属を踏んだ

ガラス片や小さな針状の金属物を踏んでしまい、チューブに穴をあけるのはしばしば起

こるパターンだ。このとき穴をあけた物体が大きいほど修理は簡単で、小さければ小さいほど発見がむずかしくなり、厄介になってくる。

知っておいてほしいのは、タイヤの摩耗が最大の原因であることと、圧倒的に後輪が多いこと。

なぜ後輪に多いかといえば、前輪が横たわっている異物を踏む、その異物がひかれた勢いで跳ね上がる、そこを後輪が通りかかり、落下した異物が運悪く穴をあけるのに好都合な角度に移動してしまい、刺さって穴があく、というわけだ。

予防策は摩耗が感じられてきたら新品のタイヤに変えること。これで8割がた解決できる。よってこの手のパンクは、整備の苦手なズボラな性格のもち主に多いともいえる。

刺さってしまったら、その場で修理するか、新しいスペアチューブと交換するかのいずれかだ。そして刺さった異物はタイヤから確実に抜き取ること。さもないと、また穴をあけることになる。穴の位置から異物の場所は特定できるので発見は容易だ。

まれに2日がかりで空気が抜けるような小さな穴のときもある。そのとき気づかずに帰宅してしまうと、翌朝乗ろうとしたら空気が抜けていた、ということになるので要注意。

❷リムうちパンク

路上に落ちている大きな物体を踏んだり、溝に落ちてしまったりしたとき、タイヤの空気圧が衝撃に負けて、チューブに穴をあけるパターン。パンクの中ではいちばん発生しやすい。

あまい空気圧のままで段差に乗り上げようとすると、タイヤ内の断面は次頁のイラストのようになる。そのため穴が平行に二つ生じるのが特徴。この二つを同時にふさがなけれ

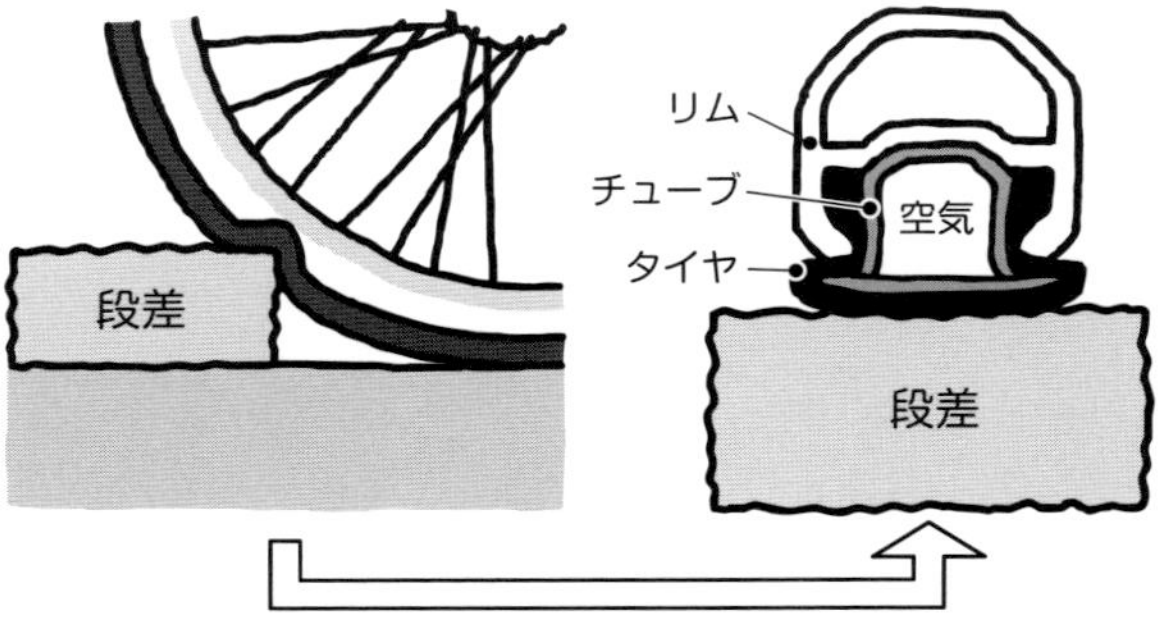

①空気圧が不足しているタイヤで段差などに衝突すると……

②タイヤとリムがぶつかり、その間にはさまれたチューブに穴が二つあく

リムうちパンク

段差を乗り越えようとしたときなどに発生する、いちばん多いパンクのパターン。穴が横に二つ並ぶので、スネークバイトとも呼ばれる

ばならないので、穴の位置によってはむずかしい修理が要求される。対策は空気圧の正常化だから、これまた整備を怠りがちなまけ者に多くなる。

一方で圧が高ければ高いほどいいというものでもない。リム打ちパンクは防げるが、ラフな路面での走り心地が悪くなるし、チューブが古いともっとも老朽化した部分にテンションがかかり破裂する可能性も出てくる。

よそ見していたり暗くて路面が見えなかったりしたときに、ハンドルに感じたガツンという衝撃とともに一瞬にして空気が抜けたら、まちがいなくこのパターン。したがって圧倒的に前輪が多くなる。後輪のときは、気づいてよけたが後輪まではよけきれなかった場合に起こる。

❸前回の修理がいい加減だった

修理し、ふさがったと思っていた穴が、しばらくしてからあいてしまうことがときどき起こる。ぎりぎりのラインでふさいでいたパッチが、パンク穴をかろうじてカバーしていたものの、積年の空気圧に耐えきれずに、とうとうはがれてしまうのだ。要するに、自ら招いた手抜き工事の見返りと考えればいい。

このときはパッチの脇から空気が漏れてくるため、そのパッチをはがさないと修理ができない。そのとき古い穴が比較的大きかったりすると、はがすときに古い穴を引き裂いてしまい、そのチューブが使えなくなることもある。

アフリカではタイヤとチューブの補給に気をつかったため、こまめなチェックが日課となった。レソト・サニ河畔　1985年11月

パンク修理にかける時間

修理にかける時間はどんなに慣れても15分くらいはかかる。①タイヤを外してチューブを取り出すのに2分、②穴を探すのに2分、③ゴムのりを塗って乾かしパッチを貼るのに8分、④チューブを収納するのに2分といったところだ。

ここで覚えておいてほしいのは、ゴムのりを乾かす時間は自然相手だから、どんな熟練者であろうとも短縮できないということ。待ちきれずに生乾きのままパッチをくっつけると、すぐにはがれてしまうから、じっと腰をすえて完全に乾くのを待たなくてはならない。だからこれ以上短縮しようとすると、必ずや失敗するのである。

そこで取られるのがチューブの交換という手段だ。これだともっとも時間のかかる③の行程を省けるから、5分もあれば終わる。そしてパンクしたチューブは家に持ち帰って、時間のあるときにゆっくりと直す。そうすれば生ゴムも、納得のいくところまで乾かしてからパッチを貼ることができる。

パンクするのは、なにも天気のいい昼どきばかりとはかぎらない。むしろ条件の悪いときのほうが多いだろう。しとしととふる雨の下、早く宿に着きたいとあせる夜、開いた修理セットからパッチが飛んで行ってしまうような強風の中……。

それどころか、それらすべてが混ざったような条件下で空気

ブレーキシューは溝の摩耗具合をチェックする。溝がなくなると、雨の日にブレーキが効きにくくなって危険だ

が抜けるなんてこともある。このようなときはさっさとチューブをすげ替えて、安全圏に移動するにかぎる。

なお、修理が終わって走り出すとき、バルブの留め具、キャップなど細かい部品を忘れないように。また、パッチからはがした布、アルミ板はその場で捨てないで回収し、ごみとして処理しよう。

ブレーキワイヤー切れ

めったに起こらないが、まったくないわけでもない。しかしよほど老朽化した自転車か、数年単位で乗っていなかった自転車を引っぱり出してきて乗ったときにかぎられる。

この修理はそれなりの工具が必要になるので、その場で直すのはかなり困難だ。ただし切れたところで、どちらか片方は残っているから、走りつづけるだけならどうにかなる。

ブレーキシューの摩耗

ブレーキシューの消耗具合は、乗る人の走り方によって大きく左右される。繰り返しストップアンドゴーに迫られる都会のスプリンターや、交差点でのスタンディングが好きな人は、ブレーキをがっちり絞るので摩耗が激しくなる。

かたや無人の荒野をのんびりと長時間走るのが好きな人は、さほど減らない。私の走りが参考になるとは思えないが、経験から推測すると、交換の目安は5000km前後になる。

視覚的な目安は、リムに当たる面の溝が怪しくなってきたころ。溝が浅くなるにつれて水はけが悪くなるので、雨の日にブレーキが利きにくくなってくる。そう感じたら交換の

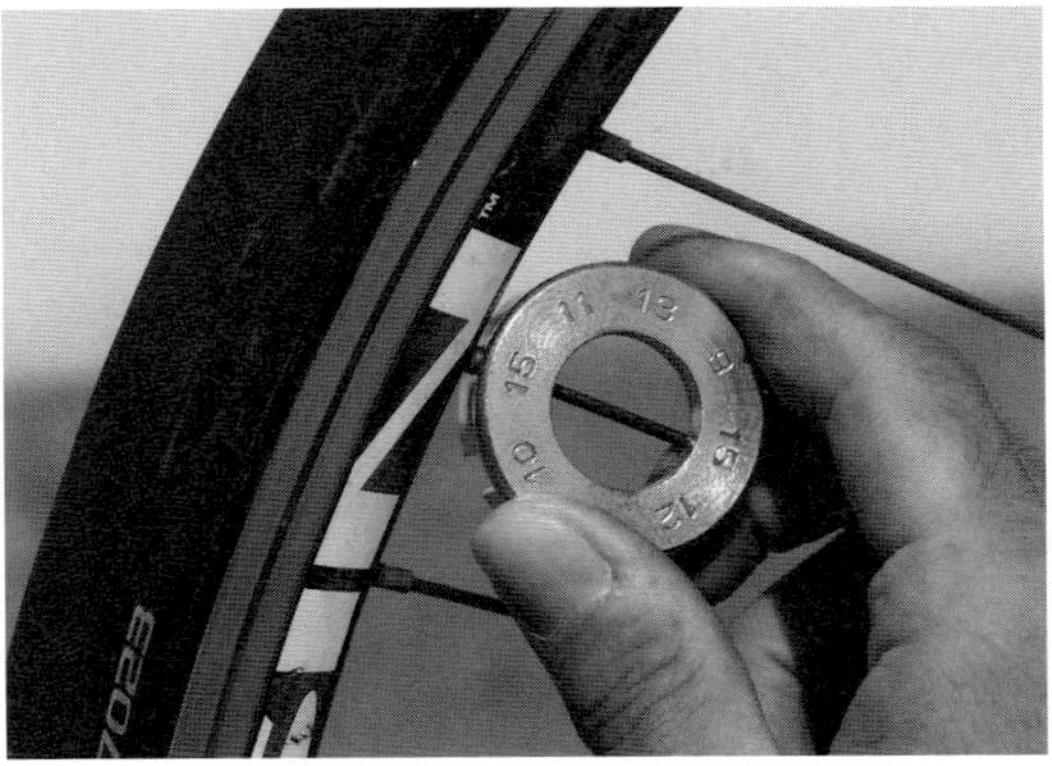

リムがゆがんでいたら、ニップル回しで締めたり緩めたりしながら、スムーズに回転するように調整する

時期だ（写真）。それを無視して使いつづけると、そのうちシューをカバーする金属片がリムに直接あたり、リムを傷つけることになる。

交換はいたって簡単。小型の六角レンチとスパナでできる。むしろ調整のほうがむずかしいが、それとて片手でブレーキシューを直接握ってブレーキワイヤーを引っ張り、スパナで絞ればいい。

スポーク折れ

最近のスポークは耐久性がよくなり、めったに折れなくなった。それでもなおときどき見かけるので、移動中の故障としてはパンクの次に多いケースだろう。

前輪の修理は簡単だが、後輪はフリーギアを外さなくてはならないので専門の工具が必要になる。張替えそのものは考えるほどむずかしくないので、専門書を参考にするか、行きつけの自転車店で教えてもらえば1回で飲みこめるはずだ。

ここで問題となるのは修理そのものよりも、修理したのちに起こるリムの横ぶれ修正だ。

直してはみたものの、スポークのテンションもリムにかかるテンションもわからない。そこで適当に絞めるのだが、強くても弱くてもリムにはゆがみが生じてくる。

それを均一にするため、ブレーキシューなどに指をあて、タイヤを回転させながら爪先を徐々に近づけていき、ゆがんでいる部分を見つけてニップルを回し、張ったり緩めたりしながらスムーズになるよう調整する（写真）。

必需工具としてニップル回しがあげられるが、大きな工具ではないので持っていても苦にはならない。

スポークは、１本程度なら折れていても走ることはできる。その場での修理がなんとしてでも必要というトラブルではない。

チェーン切れ

これが意外と曲者。パンクしても、ブレーキワイヤーが切れても、スポークが折れても、片方のペダルが破損しても走ることはできるのだが、チェーンが切れるとまったく動けなくなってしまう。押して歩くことしかできなくなった自転車は、もはや金属の塊にすぎない。

私の過去の経験からすると、ブレーキワイヤーの切断よりも多く発生しているだけに侮れない故障である。専門書などを参考に、チェーンが切れたときの対処方法だけは知っておこう。

油切れ

自転車には回転する部分がたくさんあるが、これらの油が切れてくると足回りが重くなる。したがって足の負担を軽くするためにもある程度乗ってくると注油は欠かせない。とくに回転部分と二つのパーツがすれ合う部位には注意する。具体的には、①チェーンとフリーギアの回転部分、②ペダルとクランク、クランクとＢＢなどのベアリングが使われているところ、③ハンドルとフレーム、ブレーキの支点などのすれ合う部分だ。

第2章

走る

走りの基本と迷わない技術

疲れを感じずに走れるペースを維持しつつ、地図を確認する手間を惜しまない。

自転車旅で１日にどのくらい走るかは、何時間走るかで決まる。これについては後ほど述べるが、この値に平均時速を掛ければ１日の走行距離が出る。

私の場合、休憩時間を含めて時速は20㎞で計算している。仮に5時間で１００㎞を走ったとすれば、走行時間＝４時間、休憩時間＝１時間ということになる。

なお都市部を走る場合は、信号などのため時速20㎞を維持するのはむずかしい。時速15㎞くらいで考えるのが妥当だろう。経験的には、人口50万人以上の都市では、所要時間を多めに考えておいたほうがいい。

コンスタントに走る

東京から名古屋まで（約３３０㎞）１日で行きました、という人にはいくらでも会ったことがある。しかし、疲れはてて翌日はダウン、４日目にようやく動けるようになって琵琶湖畔まで行き、５日目にゴールの大阪に到着しました、では意味がない。

このように、長距離を走る場合の時間的配分をまちがえた経験を持つ人は多い。初日に調子に乗って走っているうちに疲労がたまってしまい、そのことに気づいた翌日はもう遅かったという事態に、ペース配分を知らない初心者ははまりやすいのである。

とはいえ、そのような失敗を経験してこそサイクリストは成長するのだから、この手の失敗は大いに歓迎したいものだ。

さて、ある程度経験を積んだ人が、それほど疲れを感じずに連日走りつづけられる移動距離はどのくらいだろうか。何度もいうように、予想以上に足が回って走れたはいいが、翌日まで疲労を持ち越して動けなくなってしまったのでは元も子もない。

そこで苦痛を感じず、かつ安全な旅で終わらせるための毎日の移動限界というものを、それぞれに把握しておかなければならない。その値は人それぞれだが、１週間つづけるのであれば、長くて１日８時間、１００kmくらいの道のりを限度とするのがこれまでの経験則である（５時間＝走行、３時間＝探索などの行動）。

もちろん、天候がくずれれば走りたくはなくなるし、気に入った町に迷いこめば留まりたくもなってくる。そんな自然環境や自分の感性も考慮すると、日々１００kmを維持するのは、長期間の旅になるほどつらくなってくる。

そんなこんなで１週間で５００km、１か月で２０００kmあたりを最大限とするのが世界一周で見つけた私なりの目安だ。

たとえば、東京―京都なら１週間。鹿児島―稚内なら40日。ロサンゼルス―ニューヨークの北米横断や、ロンドン―イスタンブールの欧州横断に3か月かけられれば、のんびりとした楽しい旅になる。

迷わない技術を身につける

私の回りにも道に迷いやすい人がいる。彼らは「あれ？　おかしいぞ」と思うと一気に不安が募り、あせっているうちにますます傷口を深くしてしまうという特徴のほかに、いくつかの共通点がある。

●方角を見極める

自慢話になってしまうが、方角を察する能力に関しては絶対的な自信がある。なぜかといえば、長年のサイクリングのおかげで、日本中の市の位置はほとんど把握しているし、移動中もつねに北を意識しているからだ。

歩いて行ける範囲であるにもかかわらず、タクシーを使いたがる友人がいる。体育会系の人間なので、疲れるからというわけでもない。たった1㎞の距離じゃないか、ゆっくり歩いても15分の道だよと言ったのだが、彼の返答は予想外であった。

「迷ったら時間を食ってしまう、そうしたら遅刻してしまうではないか」

時間厳守は立派だが、1時間もの時間があるのに、たった1㎞の距離に迷う危険性を考えてのタクシー選択とは恐れ入った。ある意味、非常に新鮮な感覚でもあった。彼は自分の地理的能力よりも、タクシー運転手の技量のほうが優れていると思っていたのである。

◎つねに北を把握せよ

あらゆる地図は北を上として描かれている。これが大原則。方向音痴の人はこの決まりを知らないから迷ってしまうのだ。学校で使った地図帳を思い出してみよう。関東のページでは、東京都の上に埼玉県があり、その上に群馬県がある。埼玉県は東京都の北にあり、埼玉県の北に群馬県があるからだ。同様に関西なら、大阪府の右に奈良県が描かれている。北の右、つまり東に位置するからだ。

行きつけの自転車店GIROが主催するTRY360（千葉から直江津までの360㎞を1日で走るイベント）の説明をしていたとき、制限時間内に直江津に着くためには、中間点の軽井沢を○時に通過し、そのためには40㎞手前の高崎を一定時間までに通過する必

TRY360の主要なルート

千葉から直江津までの360kmを1日で走るTRY360では、この3つのルートのうちのどれかを走る

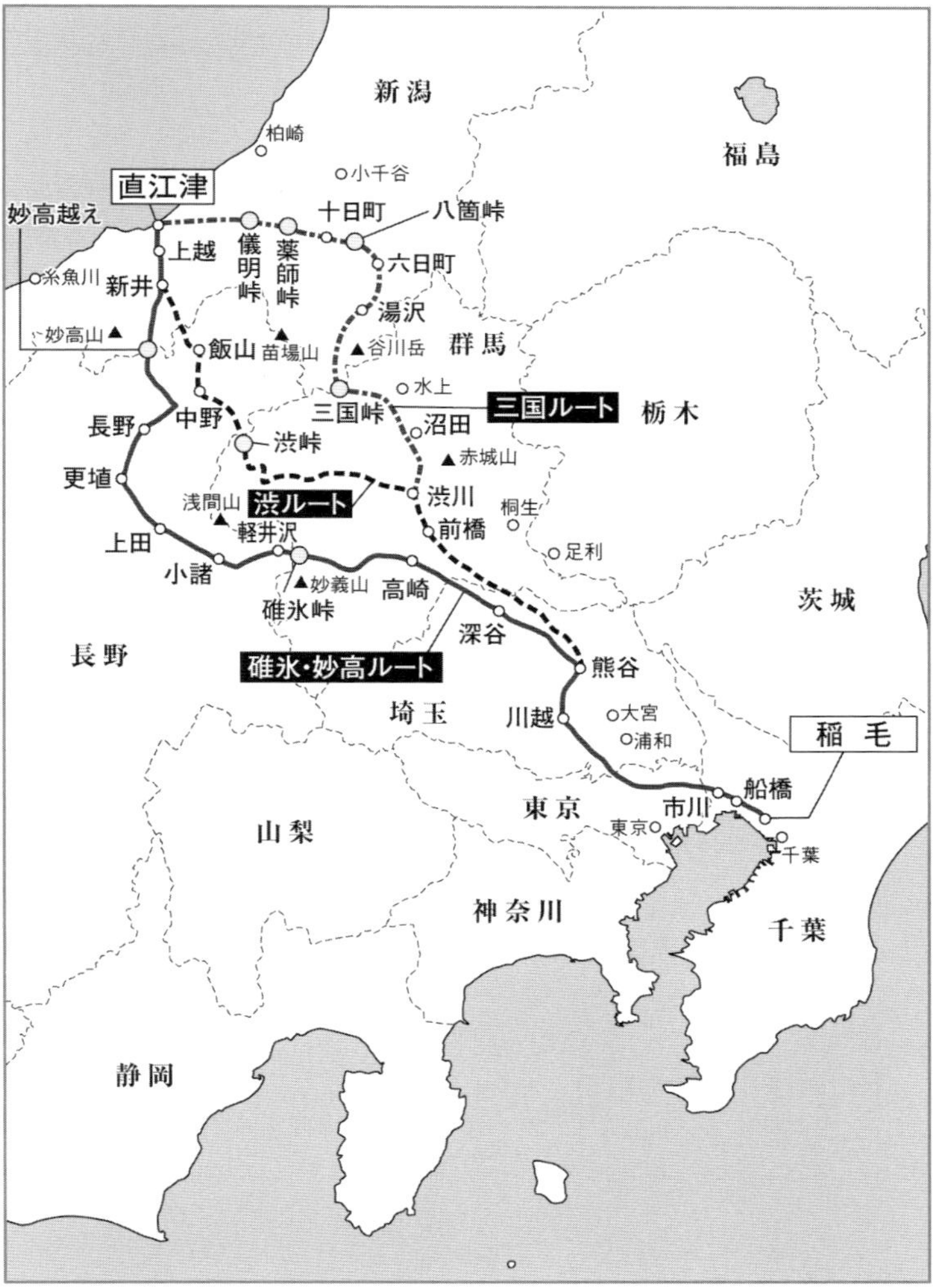

要がある、さらにまたその時間を維持するためには、そのまた手前の100㎞地点の熊谷を○時ころには通過したいと解説したのだが、いくら表現を変えても理解してもらえない（前頁の図の碓氷・妙高ルート参照）。

こちらもどうして理解できないのかしつこく食い下がったところ、この人はなんと川越、熊谷、高崎、軽井沢、上田、長野の地理的な配列を知らなかったことに気がついた。これでは道にも迷うだろう。

◎どうやって北を見つけるのか

昼なら太陽の位置から南を把握する。その反対側が北であることはいうまでもない。曇っていて太陽が見えなければ道路わきの並木を利用する。幹の北側は陽が当たらないので乾きにくく、苔が生えやすくなるからだ。田舎を走っていてわらぶき屋根の家屋があれば、同様の理由から北側の面が苔だらけになるので、もっとわかりやすい。すぐにでも近場の並木や林を観察してほしい。

都会なら大規模マンションが使える。北側にベランダを作る棟はないから、その位置によって、少なくとも北らしい方角のおおよその見当はつく。

夜なら北極星がベストだ。オリオン座や惑星なども心強い味方になる。夏の夜なら、南の空を飾るさそり座といて座は恰好の目印となるから、ぜひ覚えておこう。

太陽も星も頼めない雨の夜なら。これまた大木の幹を観察しながら、苔の発達具合を確かめて判断できるから安心してほしい。

●とにかく地図を見る

先ほど「日本中の市の位置はほとんど把握している」と述べたが、じつは私だってしょっちゅう迷っている。けれども、どんな場所で迷ったとしても、地図さえあれば現在地を探ることは可能であり、そうすれば目的地までの道も自ずとわかってくるから恐くない。

そんなことを何十年もつづけているうちに、いつの間にか自分の頭の中に地図ができあがっていたのだ。あれ？　おかしいぞと思ったら、手間を惜しまず、まずは立ち止まって地図を開こう。これが道を覚え、迷わなくなるためのいちばんの近道なのだ。

それから、初心者に多い、迷うとすぐにパニックになる人は冷静に考えてほしい。だれもいない山奥で迷ったわけではないのだから、回りには必ず何か現在地を知るための手掛かりがあるはずだ。そして、手には地図を持っている。これでどうやって迷うことができるのか。落ち着くことさえできれば、そのことに気づくはずだ。

◉距離を感覚的につかむ

走っていると「○○まで30キロ」などの標識をそこかしこで見つけられる。これはとてもありがたい。この表示によって目的地や中間点までの距離がわかるので、そこから所要時間を予測することができる。

また、目的地までの距離がわかったら、それを「ああ、あのくらいの距離か」と感覚的に把握できるようにしておくといい。それには、自分の身近な場所までの距離をものさしにするのがわかりやすい。たとえば、よく行く図書館まで３km、友人宅まで５km、親戚宅まで10kmなど、体に染み込んでいる距離感を目安にして目的地までの距離をイメージするのである。とくに疲れているときなどにこの方法は有効だ。

地図はハンドルの間にマジックテープで取りつけた荷物の上に、テープの間にはさむなどの方法で留めて、いつでも見られるような状態にしている。マレーシア・メルシング　２００８年９月

変わる交通法規

自転車に関わる交通法規やマナーは、事故防止のためにも心得ておきたい。

このところ自転車に関する交通法規が目まぐるしく変わっている。興味のある人ならその都度の気持ちの切り替えも可能だろうが、そんなにコロコロ変えられていたなんて知らないよ、と言いたくなるのが本音だろう。

歩道走行は是か非か

その代表例が歩道走行の禁止。自転車の普及で事故が極端に増えた昭和45年、道路交通法（道交法）が改正されて緊急避難的に自転車の歩道走行が可能になった。これをきっかけに、自転車は歩道を走るものという勘ちがいが日本全国でまかり通るようになった。私もまた何度も警察から歩道を走るよう注意されたし、道交法遵守でありながら車からの罵声を散々浴びてきた。

それが、歩行者にけがをさせることが増えたという理由から、今度は車道が原則、歩道は例外になった。本来の道交法に沿うようになっただけだが、それを曲げて染みこまされていた国民は、１８０度の発想転換を強いられることになる。

もっともこの日を境に困惑させられたのは、現場で働くおまわりさんだろう。車道はいかん歩道を走れと言っていたのが、その日を境に歩道はいかん車道を走れ、になったのだから。

道交法違反とわかっていても……

　私の住む地区が自転車通行環境に関するモデル地区（国土交通省）に指定されたおかげで、道路のあちこちに自転車路線が増えてきた。それはそれで喜ばしいことなのだが、かえって走りづらくなった面もでてきている。

　まずは長い自転車路線は駐車用に使われてしまうという事実。これをされると、追い越すときに車道に出ざるをえず、そのためにはいったん振り返り後方を確認するしかない。

　自転車路線をアピールするために、路面をやたらとカラフルなデザインや文字で埋めるのにも困る。ペイントによって生じる段差が、ロードバイクの細いタイヤをかぎりなく悩ませるからだ。おかげで避けて走るしかないのだが、どうせならシンプルで段差のない表示にできないものだろうか。

自転車通行環境に関するモデル地区の自転車路線。ありがたい反面、ペイントによって生じる段差など悩まされる部分もある

　ところで、道交法違反とわかっていても、あまりにも劣悪な環境のために歩道を走らざるをえないときがある。あとで紹介する歩道付きトンネルや橋梁、産業道路などだ（74頁参照）。

　歩道は車道よりも高くなっていて、平行して走る車道、交差する車道との間は部分的にスロープになっている。スロープといっても2～3cmほどの段差があるため、これがサイクリストを悩ませる。たかが2～3cmと思うかもしれないが、そのたびに減速、ハンドルの引き上げが強いられる。そんな場所が、ときとして100mの間に3か所くらい出てくるのだから腹立たしい。

　それでも自転車はまだいい、車いすなら立往生だ。バリアフリーを唱えるなら、まずはこの段差から対策を取ってほしい。なにもすべてなくせと言っているわけではない。車いすの車輪幅の部分を5㎝くらい段差のないスロープにすればいいのだから、さほど問題はないだろう。

遭遇した驚きの違反例

我が家のマンションの前の歩道を、前後に子供を乗せたおばさんがスマホをスクロールさせながら走っていたのには目を疑った。転倒したらどうやって子どもを救うつもりなのだろう。

スクランブル交差点を横切ったら、信号待ちしている子供から「あの自転車信号無視してる」と叫ばれたのにも弱った。自転車は車でなく歩行者と同じと教えられているらしい。せまい自転車道で、ヘッドホンをつけてジョギングしている人や自転車、集団で散歩する人たちが道をあけてくれないのにも困る。声をかけても気づかず、やむなく抜いたら驚いて転倒した若者もいたが、耳をふさげばどういうことになるのか自覚がないらしい。健康のため後ろ向きに歩く人はときどき前を、というか後ろを確認してほしい。夜中に真っ黒な服で、しかも無灯火で散歩しないでほしい。

雨天の傘さしで逆走する自転車はとても危ない。自転車路線に止めてある車を追い越すときに、彼らと遭遇すると、いきなり飛び出すものだから仰天する。

十字路で左から来る右側逆走自転車が、まさかの右折をしてわが車線に進入してきたときも、そんな行動をとるとは思わないから肝を冷やした。

いやがらせの幅寄せは論外だが、車で困るのは交差点に入ってから追い越しざまに左折するケース。車と並行して交差点に進入するときは、待機線を通過したときに、並ぶ車のウインカーを必ず見て、左折しないのを確認してから直進する。ところが車は自転車よりも速いから、横断歩道まで来ると車両の半分ほど前に出てしまう。そこで初めてウインカーを灯らせて曲がられたら、こっちも一緒になって左折するしかない。以前に比べれば減った印象があるが、それでも500㎞走れば1台ぐらいは遭遇する。

外側車線が左折専用の交差点にも困ったものだ。知っている道ならあらかじめ内側に避けるが、さもないと直進するわが身は、激しいクラクションを浴びせられるか、強引に鼻先で曲がられる。

そしてもっとも腹立たしいのが、自転車は交通の邪魔だと思い込んでいる人たち。目の前に象と犬がいたら、どちらが邪魔なのかを比較できないらしい。

交差点でとくに注意したほうがいいこと

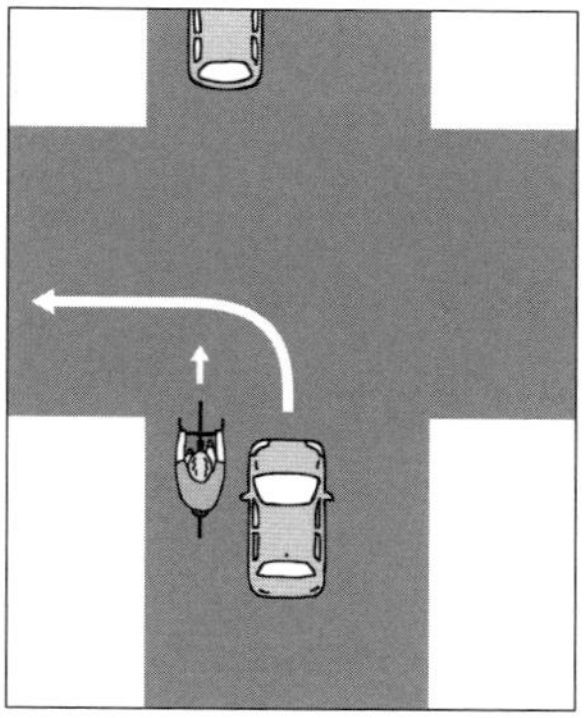

注意（2）
後ろの車が追い抜きざまに左折する場合がある。巻き込まれる恐れがあるので、左ウィンカーを必ず見ること

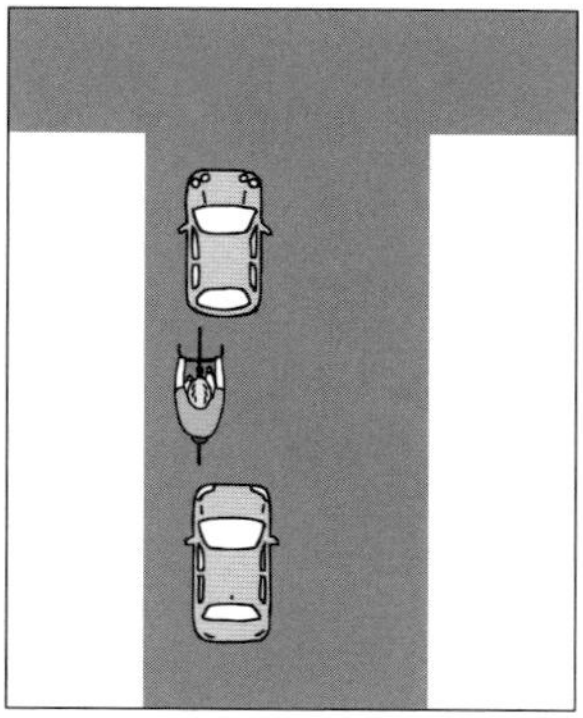

注意（1）
（2）に結びつくケースだが、このような状態で停止したら、後ろの車が左折するかどうか確認してから動くようにする

ヘルメットの安全性

2000年に入ったころから、自転車用ヘルメットが急速に普及してきた。それ以前はかぶっている人をあまり見なかったし、その前に自転車にヘルメットという発想すらなかったように思う。

かくいう私も頭部に風を感じられないヘルメットが嫌いで、なるべくなら使いたくはなかったのだが、時代の趨勢《すうせい》とともにかぶらざるをえなくなり、そのうちにないことには不安になってきたという経緯がある。

人間の頭部は、正面は強いが側頭・後頭部はもろい。ゆえにヘルメットの構造は、額よりも左右と後ろの3方向からの衝撃に強いようにできている。実際に衝撃を受けたと仮定してヘルメットを押し

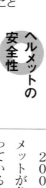

てみよう。すると前は容易に動くのに、左右はずれにくく、後頭部は確実にカバーしてくれるのがわかる。

ヘルメットにもいくつものタイプがあり、一口でいえば高価なほど安全が期待できるといえるだろう。その構造はいたってシンプルで、衝撃吸収材である発泡スチロールの回りをカーボンやABS樹脂（ハードシェルタイプ）、あるいはプラスチック（ソフトシェルタイプ）などでおおって強度を増している。

頭を打つということは、自転車の高さから路面まで落ちることを意味する。つまり約2mもの落下だ。ゆえに打ちつけたときは相当のダメージを受けることになり、人生それまで、となる可能性が非常に高い。

むろんヘルメットを着用していれば必ず保護されるわけではないが、少なくとも衝撃は軽減でき、それが生死を分けるということも十分に考えられる。そして何よりもヘルメットの存在は、後方から近づいてくる車にアピールできる。いかに石頭でもアスファルトにはかなわないから着用しよう。

2004年からはずっとヘルメットをかぶっているが、このときは現地調達した自転車（約6000円）と旅をしている地域の雰囲気に合わせて麦わら帽子で走ってみた。中国広西壮族自治区・桂林裏街道　2005年9月

◉ヘルメットの耐久性

基本的に3年らしい。3年経つと自然に劣化し、事故が起きたときの衝撃吸収力が弱くなる。よって3年単位で新調しないと保証しきれないというのがメーカーの話だ。

むろん使い方が荒かったら耐久性はもっと落ちる。メーカーとしては訴訟、リコールを考えなくてはならないから、1%の危険率を考慮する必要があるので、ふつうに使っていれば3年ごとの交換でかまわないだろう。

ちなみにデザインが毎年微妙に変わるということで、5年物のヘルメットを使用してレースに出ると、専門家にはすぐにわかるという。

自転車保険

何に対する補償を厚くするかで、オプションの組み合わせが変わってくる。

このところ自転車保険に関する話題を耳にする。私がいま入っているのは自転車保険ではなく、損害の総合保険で、過失によって他人にケガをさせてしまったときや、自宅の水漏れで階下に被害を与えたときなどに対応してくれる保険に自転車も含まれる保険だ。

メインは事故やスポーツのケガで、最大1億円まで補償してくれるらしいが、ほんとうのところどこまでカバーしてくれるのかは未知数。かといって、こればかりは実際に確かめてみるというわけにもいかない。

事故でケガをしたときに高額だと払えないからと、医療費を心配する人がいるが、これは取り越し苦労。たいがいの人は国民健康保険などに入っているだろうから、それでカバーできる。高額療養費制度といって、一般の人はどんな場合の医療費でも、保険内なら月8万～9万円ほどで収まるシステムが確立されている（金額は年齢や収入等によって変わってくるので、詳しくは厚生労働省のホームページなどを参照）。たとえば100万円かかっても払うのは8万円台で、残りは国保などの保険が払ってくれる。したがって、保険は充実したものひとつで十分、二つも三つもは不要というのが私の考えだ。

自転車保険のおもな種類

おすすめの自転車保険はありますか、とよく聞かれるが、オプションの組み合わせでいくらでも種類があるから、各自で判断してほしいとしかいえない。賠償額、入院費、通院費、手術費用、死亡、後遺症、追加サービスなどで構成されていて、これらの条件が複雑に入り混じることで種類が増えてくる。

したがって、その内容からどれがいいかを考えるしかない。むろんここに保険料も絡んでくる。確実なのは、2013年に神戸地裁で出された約9500万円の損害賠償額まで考慮すると、おのずと高くなってくるということである。

私が調べたかぎりでは、いちばん安いのが某自転車チェーン店の保険。これは加害者になったときのことを想定するともっとも実用的だといえる。被害者としての自分に降りかかってくる分は一般の健康保険で間に合わせなさいという内容で、年間1680円で1億円まで補償してくれる。

高額なものでは、年間保険料が38400円というものもある。保証金が2億円で、自分が被害者になったときの内容まで充実させているうえに、満期返戻金があるのでまるまる掛け捨てでもない。

私の感覚では、最大補償5000万円あればまずは安心で、そこに一般の医療保険を適応させれば十分だと思う。まずはネットで調べてから、行きつけの自転車店で相談するのがベストだろう。いずれにせよ、年間3000円から5000円で安心できるのは大きい。

海外旅行保険の考え方

海外を自転車で走るときに関係してくるのが、いわゆる海外旅行保険だ。これはパッケージ（一括）式のものよりはオプション式のほうがいい。パッケージ式は盗難保険がかなり充実しているがこれが曲者。持ち物を盗まれたら保証してほしい気持ちはわかるが、そのためには盗難証明書を作成しなければならない。旅先で警察署を探し当て、そこで現地の警察官相手に現地語で書類を作成するのだ。英語が得意だから大丈夫と思うのは大まちがい。自分が、フランス語しか話せない相手に確定申告の書類を書いてあげられるかどうかを考えればわかると思う。お役所仕事だから、一介の旅人に便宜など図ってくれない。短い滞在日数の中で貴重な時間が費やされるくらいなら、盗まれたら社会勉強だと思ってあきらめ、さっさと移動したほうが賢明だ。そのためにも高価なものは持たないこと。

私は、その代わりに救援費用を充実させている。これは自分ひとりでは帰れない事態に陥ったときに、友人・家族を呼び寄せたり、同伴してくれる現地の医療スタッフの費用をカバーしたりするもので、これが意外と馬鹿にならない。医療の現場で仕事をしているだけに、この費用で苦しむ人を何人も見ている。

まとめると、盗難保険は不要、救援保険は最大限、死亡に関しては最小限。死んだ当人はもらってもうれしくないから、これは自分が死んだら困る人がどの程度必要かで決める。後遺症は充実させたほうがいい。それとケガをしたときの入院費用を多くして、病気の入院費用を最小限にする。海外サイクリングでは事故が圧倒的に多いからだ。

これだけの操作で保険料を半額にはできるだろう。こんなことはパッケージ保険では無理なので、私はオプション式にしている。

できれば避けたい場所

基本的には「避けるか耐えるか」しかないが、知っていたほうがいいこともある。

長い距離を走っていればいろいろなシチュエーションに遭遇する。自転車旅を趣味にしてよかったと心から叫びたくなるようなすばらしい道や景色もあれば、2度と経験したくないと思ったり、なんだか悲しくなってくるような過酷な場所も存在する。

❶トンネル

自転車にとってもっとも避けたい場所がトンネルだ。

中に入ると、後ろからくる車の走行音は走る稲妻のごとくで、いやがらせとしか思えないクラクションは、まるで落雷の至近弾である。この恐怖は、1度でも長いトンネルを抜けたことのあるサイクリストなら、十分に身に染みているだろう。

距離が短くて数秒で抜けられたり、歩行者・自転車用の側道が完備されているトンネルならばなんら問題はない。交通量が少なく、突入したところで1、2台の車をやり過ごすだけでいいトンネルも大丈夫だ。

つらいのは一定の交通量を持つ長いトンネル。代表例は甲州街道の新笹子隧道（トンネル）、上高地に通じる釜トンネルやそこまでに登場するトンネル群だろう。

あの殺人的交通量で迫りくる甲州街道で、3000m近いトンネル内を通過するのは地獄絵図以外の何ものでもない。

笹子峠（1096m）の直下を通る旧笹子隧道は全長239m。1997年に登録有形文化財に指定されている。冬季は閉鎖されるので注意が必要だが、旧道は静かで心地よい自転車旅が楽しめる　2010年5月

その上方には旧笹子隧道に通じる旧道があるので、経験者はためらわずにそちらに逸れるのだが、体力がともなわないとどうしても迷ってしまう。そして、ただでさえ経験不足の初心者が、轟音の尽きせぬ黒い空間へと突進してしまうと、待っているのは自転車旅屈指のハードなシチュエーションだ。

かといって、このルートに回り道はない。南に雛鶴《ひなづる》峠（650m）越えという手があるにはあるが、半日がかりのう回路になってしまう。となると、残された回避策は二つのみ。鉄道輪行か前述の旧道（冬季は閉鎖）選択しかない。

旧道は標高差約400mのさらなる登りに迫られるものの、ぱったりととだえる車に静かな山岳サイクリングが約束されるから、ここは文句なしに旧道へのアップをおすすめしたい。

約1時間余分な時間を費やすことになるが、生きた心地のしないトンネルを走るよりはずっとましだし、初心者といえども峠上りの基本（78頁参照）に従えば、クリアするのはさほど困難ではない。もちろん輪行でもいいが、時間を合わせることや手間を考えると、こちらのほうがいいだろう。

例のもうひとつ。上高地の新釜トンネルと梓川に沿うトンネル群。

新釜トンネルはトンネル内での急傾斜に立往生する。しかも人気スポットだから、観光バスがやたらと多い。そこまでの梓川のトンネル群は、せまくて一方通行のため、最後尾から行っても抜けるまでに次グループの先頭に追いつかれてしまい、クランションでせかされる。

かといって歩道もないから、轟音の中をやり過ごすこともできず、黙々と

注：峠の標高は地図によってまちまちだったり、標識と違う場合もあります。多少の誤差があるものとお考えください

橋を渡るときには、ゴミや異物が多いので注意したい。また、車道を走るか歩道にするかは交通量を見て判断する。韓国・幸州大橋　2006年9月

耐えて走りつづけるしかない。私は1回で懲りた。これらのトンネルは、サイクリストにとっては走りたくない道ワースト1だろう。

逃げ道のないこの道に耐えないことには上高地へ行けない。日本屈指の観光地でありながら、サイクリストが避けてしまう原因はここにある。

❷橋

長い橋がとても走りづらい。歩道が併設されていればまだいいが、ないと欄干近くを、車を気にしながら走らされることになる。

しかも走らされる路面状況はいたって悪い。タイヤの圧力で浮きでたアスファルトが、生半可な状況ではないでこぼこ路面を生み、しかも膨大なゴミ、ほこり、異物が追いやられて吹き溜まりになっている。

歩道があったにしても、歩道と車道の間には柵あり段差ありで、入り口を見逃したら、そのまま耐えて渡りきるしかない橋も多い。

それでもオープンな空間だし、距離も短いからトンネルに比べればまだましだといえる。

❸産業道路

大型車の多い工業地帯の道路の大部分が該当する。私の近場では、東京湾岸の357号線がいい例だ。

とにかく大型車が多い。おかげで車道を走ることはとてもできず、ひどい路面の、ときとしてガードレールにブロックされて横断すらできない歩道をぐるりと回らされることもある。ディズニーリゾートや葛西臨海公園といった観光地が目白押しでありながら、観光

気分などすっ飛んでしまうルートだ。

そんな道を無理して走って事故にでも遭おうものなら、二度とサイクリングができなくなるかもしれない。だからすごすごと安全なルート、つまりがれきと段差にあふれた歩道に追いやられる（当然ながら道交法違反）。悲しい現実である。

❹ダート

２０００年代に入ってからというもの、ダート路を見かけなくなった。いまでは地方の林道に入るか、田んぼのあぜ道やローカルな河川敷まで遠征しなければ、遭遇できなくなっている。

もちろんこのような道をあえてたどる自転車旅もある。しかし、そのフィールドはロードバイクではなくＭＴＢの世界で、しかもたどり着くのさえも困難になっている。少なくとも都会暮らしのサイクリストが、自宅から気軽にアクセスできるような場所にはなく、自転車をそのフィールドまで移動させて、組み立ててからでないと楽しめないというところまで、環境は整備されてしまった。

ふつうのサイクリストがロードバイクに乗っていて、たまたま遭遇する状況をあえて探しだせば、工事中の道ぐらいだろう。

そのときは我慢するしかないが、せいぜい数百メートルだから黙って耐えよう。

❺峠

この項目に峠を入れるのははばかられるのだが、サイクリングについての質問でいちばん多いのが「坂道はどのくらいたいへんか？」である。自転車に乗らない人はそう思うらしい。

峠を越える

峠を上るコツは、ゆっくりあせらずマイペースをキープすること。それしかない。

たしかに、自転車に乗りはじめて3年くらいまでは峠を嫌う人もいるが、5年以上経験を積むと、峠を探してでも上りたくなってくるようだ。

その理由は、標高がデータとしてわかっていること、残り時間の見通しが立つこと、越えたことが経験として残ること、そして、なんといっても風景という大きなご褒美を手にできるからである。ゆえに、峠はサイクリストの中で不動の人気を誇っているのである。

「できれば避けたい場所」にあげたが、峠ばかりねらって走る坂キチという人種が存在するのはたしかだ。絵になる、ということをはじめとして、峠は魅力にあふれている。

峠を上るための心得

峠を上るコツはただひとつ。峠と呼ばれるだけの標高があるのだから、どんなに急いでもそれなりの時間がかかるのだと開き直り、上りの風景を楽しみながらペースを守ってゆっくりと走ることに尽きる。

それが初心者にはむずかしい。

早く着けば、それだけ長く休めると思っているから、できるだけ早く着こうと急いでしまう。その結果途中で疲れはてて、結局は時間を食ってしまうのだ。

峠を上るのはつらいときもあるが、なんとも言えない魅力がある。ニューカレドニア本島中央部の峠　1986年10月

事実、私がそうだった。そのことに気づくまでに5年を要している。

◉峠を前に考えること

まずは地図を確認し、地形と標高差を把握しておく。

そして周辺の風景から見当をつけて、峠からどのような山が見え、展望が広がるのかを想像しながら上っていくと、楽しみはさらに増えていく。

峠に臨むにあたって、気象上の注意点がいくつかある。まずは峠の天気は平地より速く動くこと、風が強いこと、そして峠を境に空模様ががらりと変わるということだ。

風のある日の大きな峠では、快晴だからといって、峠の反対側も快晴だとはかぎらない。奥羽山脈や中国山地など、標高がたとえ低くても地域を分断する大きな峠が予定されているなら、より天候の安定する午前中にクリアする計画を立てたい。

◉峠上りにかかる時間

これは脚力しだいだ。

1日に300kmだろうが、トータル3000mの標高差だろうが、自由自在に走れるベテランなら800mの標高差につき1時間プラスという計算でいける。

たとえば40kmの区間に標高差800mの峠があれば、40kmを2時間（時速20km）、峠を1時間として3時間を計上するとい

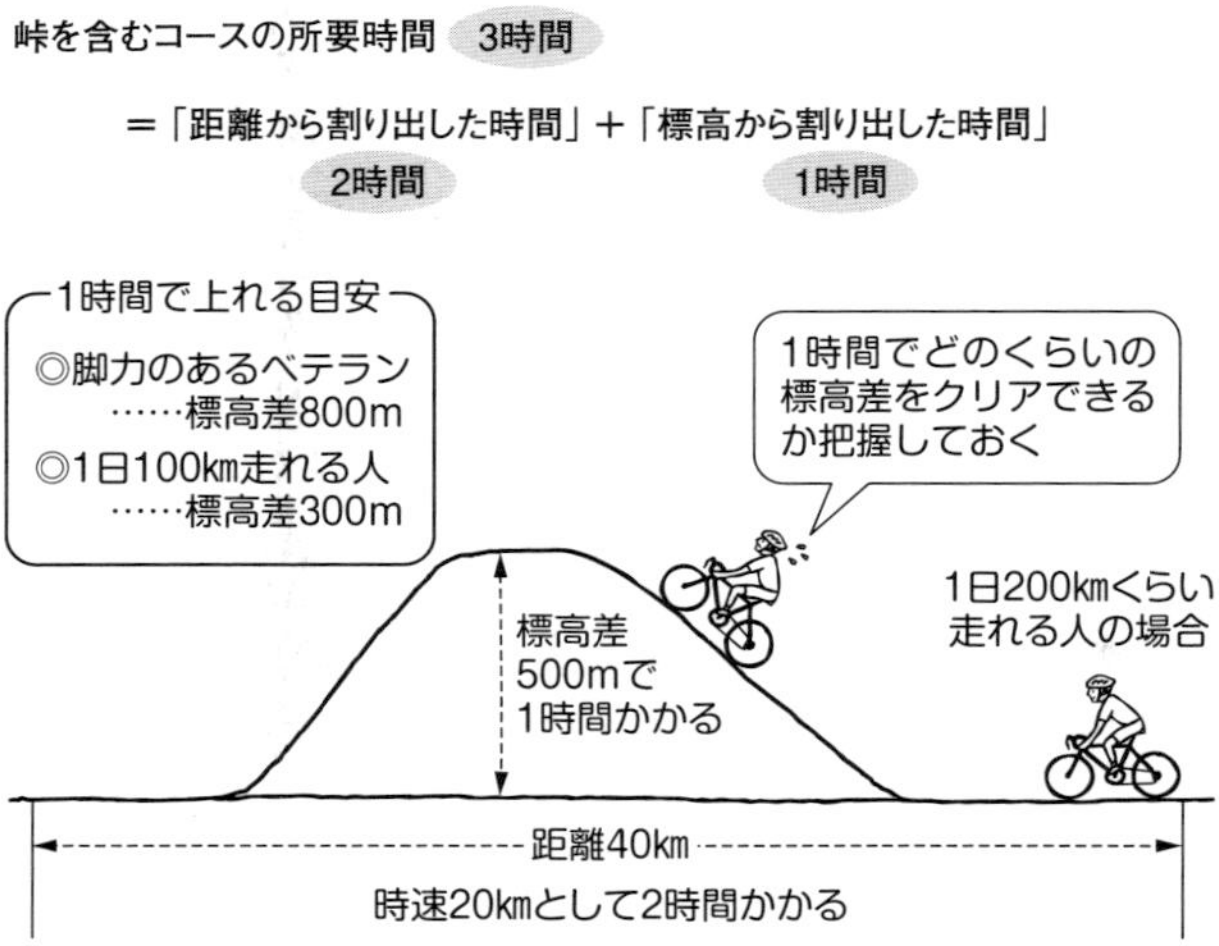

峠を含むコースの所要時間の予測

脚力によって異なるが、平均時速をもとに「距離から割り出した時間」と「標高から割り出した時間」を足した時間が目安となる

う考え方だ。

同様にして、いつでも1日200㎞を走れる人なら500mを1時間で、1日100㎞は大丈夫という人なら300mを1時間で考えるのが、これまでの私の経験則からいえる。

関東圏内おすすめの峠

なにを隠そう、私も峠が大好きなので、これまでに国内、海外の多くの峠に上ってきた。その経験から、読者のみなさんに峠に関する思い出を語りたいのだが、話しはじめたらきりがなくなるのは目に見えているので、ここでは私の地元である関東から魅力的な峠を紹介するにとどめたい。

●茨城県

茨城県の名峰筑波山周辺には手ごろな峠がいくつかある。南から順に、不動峠（294m）、風返峠《かぜかえし》（412m）、湯袋峠《ゆぶくろ》（250m）、上曽峠《うわそ》（320m）とつづく。

いずれもそれなりに趣があるが、もっともおすすめしたいのが、風返峠。なんといっても風景がいい。東南西、三方向の展望が開け、都心の風景もかなりの確率で臨める。それどころかあわよくば富士山も見える環境だ。峠からさらに上ってつつじが丘（542m）に行けば、30分足らずの歩きで関東平野を一望できる山頂にも立てるのだから、一度は走りたいコースだ。

なおこの道、表筑波スカイラインと呼ばれ、かつては自転車通行禁止であった。それが

筑波山周辺にある峠群のひとつ風返峠。晴れているときの道中の眺望は抜群だ　2016年4月

償還期間終了から無料化となり、自転車にも解放されたという経緯がある。

福島・栃木との県境の八溝山《やみぞさん》（1021m）を中心とする山地にも、起伏の穏やかな峠がいくつかあり、周辺人口も少ないので静かに走れる。ただやや展望に乏しく、アクセスに難点がある。

◉栃木県

なんといっても日光周辺だ。

おもなルートは3本。南からの足尾―細尾峠（1193m）―いろは坂―中禅寺湖畔コース、東南からの宇都宮―日光市街―いろは坂―中禅寺湖畔コース、北東からの鬼怒川温泉―川俣温泉―山王《さんのう》峠（1741m）―戦場ヶ原コース。

中禅寺湖畔に着いたらそのまま戦場ヶ原経由で金精《こんせい》トンネル（1843m）に上りUターン、あるいはそのまま群馬に抜け、沼田、水上を目指す手もあるが、一直線コースは少しばかり長くなる。この中でいちばんのおすすめは鬼怒川温泉からのループルートだ。

裏街道だけに、いろは坂に比べると交通量が少なく静かに登ることができる。そして下りのみいろは坂を利用して、日光市街へと降りてくる。

鉄道輪行なら東武鬼怒川線で鬼怒川温泉駅下車、帰りは東武日光線の東武日光駅乗車となる。車で行くならルート上のどこからでも発着可能。

◎いろは坂の注意

交通量が多いうえに一方通行であることに注意。グループ走行のときにだれかが遅れたからといって、一方通行だから迎えには行けない。

そこでどうするかというと、ひたすら待つか、やむなく第二いろは坂（上り専用）を上りきって第一いろは坂（下り専用）を下り、再び上り返して迎えに行くしかない。そのような状況に何度か追いこまれたことがある。

●群馬県

山の多い上州だけに、いくらでも峠コースがつくれるが、とくにおすすめとなるコースが渋峠と碓氷《うすい》峠。

渋峠（２１７２ｍ）は国内で数少ない２０００ｍ台の峠だけにとても長い。長野原から草津道路を経て草津でいったんたるみ、再び上りはじめる長大なルートだ。う回路がないため、日帰りでの周回路がつくりにくいので、車でアクセスするとピストンルートを組むしかない。

新幹線で高崎駅下車、渋川経由で吾妻《あがつま》川沿いに進み、長野原から上り出して渋峠を越え、長野に下るコースをとるのが一般的。

それでも２０００ｍ台の峠越えだけに、上級者の１日ルートになる。軽井沢駅を起点に浅間山の東すそを回って長野原に下り、草津にアップするというアクセス方法もある。

もうひとつの碓氷峠（９６０ｍ）。

同じく高崎を起点にした軽井沢までの区間走行となる。標高差にして約８００ｍあるも

碓氷峠の途中、第69番のカーブ付近。九十九折れの旧道には碓氷湖や旧信越線の廃線跡など趣深い景色がつづく　2010年7月

のの、距離が短いので初心者の足試しとしては最適なコースだ。

車の多くは新道を行くので、忘れられた風情の旧道は静かだ。木もれ日の中を静かに走ることができるうえに、中山道坂本宿、かつてここを走っていた信越本線の遺構群といった見どころも多い。

上りきったら軽井沢駅。達成感を味わったあと、汗を乾かしながらの観光も楽しい。

◉埼玉県

都心から近いという利便さからおすすめしたいのが奥武蔵グリーンライン。

コースの取り方はいろいろ考えられるが、飯能《はんのう》から入って正《しょう》丸《まる》駅に抜ける、何本もの峠を尾根伝いに結んでいく林道コースがいい。

そのまま進んで堂平から秩父へと下るルートも、余力次第で考えられるさわやかな道。ただし苅場坂《かばさか》峠（818m）以西は、3月いっぱいは雪で閉鎖している可能性が高いので確認の必要がある。

そのほかにも、秩父周辺で無数の峠が待っている。

◉東京都

奥多摩の風張《かざはり》峠（1146m）しかない。

奥多摩駅を起点に奥多摩湖を周回し、下りきった武蔵五日市駅が終点となる。東京都下でありながら、走り抜けていく1000m台の峠には、都会の喧騒を忘れてしまう静けさがある。

◉神奈川県

なんといっても箱根峠だ。ただしここでいう峠とは本来の箱根峠（846m）ではなく、手前の国道1号最高地点（874m）のことで、走り出しも東京駅を指定したい。つまり、箱根駅伝の上りでおなじみの峠だ。地理的に箱根峠と指定するときは、静岡県との県境に位置する分水嶺を指すのだが、その本来の峠よりも手前のほうが高い。

東海道を走ると、小田原を過ぎて早川まではふつうの海沿いの道。そこから内陸に入り、箱根湯本を過ぎてから上りがわかるようになり、塔ノ沢までくると鮮やかな緑が静かに押し寄せてきて、ここが同じ首都圏だとは思えないような静寂に包まれてくる。

そんな中をじりじりと高度をかせぎつつ上っていくと、国道1号最高地点の看板が見え、そこを乗り越えるとやがて大鳥居が見えてきて眼下に芦ノ湖が広がってくる。東海道を走るサイクリストが、走ってよかったとつい感謝したくなる風景だ。

それにしても驚かされるのが駅伝選手の足。塔ノ沢までならともかく、宮ノ下のT字路を曲がった瞬間に壁と見まちがいそうな急勾配に直面する。この傾斜をものともせずに走り抜ける彼らには恐れいる。

なお、箱根旧街道を走る場合には、この最高地点を通過せず畑宿経由で芦ノ湖に達する。

◉千葉県

平坦な県だけに、峠という要素には恵まれていない。

5万分の1の地図を丹念に見つめると三つの峠が確認できるが、いずれも「あら、さっ

奥武蔵グリーンラインの刈場坂峠。とてもさわやかで、ルート中ベストの眺望　1988年12月

奥多摩の風張峠。長い坂道だが、一定の傾斜なので標高のわりには上りやすい　2016年5月

箱根の国道1号最高地点。箱根駅伝ルート最高のヤマ場だが、もう少し風情のある看板にならないものか　2016年5月

きのは峠だったの？」と越えたことすら気づかないほど小さなピークばかりだ。

そんな千葉県からむりやり山岳のおすすめコースをつくるとすれば、嶺岡《みねおか》中央林道だろうか。鴨川の南からはじまる半島横断コースで、県内最高峰、といっても４０８ｍしかない愛宕《あたご》山だが、そのすそ野を回っていく林道だ。

それでも海からほぼ山頂まで上るだけに、走りごたえは十分。道は細いが交通量も皆無なので静かに走ることができる。横断し終えると、内房の安房勝山《あわかつやま》にたどり着く。

全行程３時間程度と短いコースなので、走り抜けても物足りないサイクリスト続出だろう。そう感じたら、房総半島先端の周回ルートの一部として組み、１日コースとして楽しむのがいい。

第3章

遠くへ行く

088

天気を読む力

自転車旅を楽しいものにするためにも、最低限の知識は身につけておきたい。

私の自転車旅は、つねに天気を読むことからはじまる。サイクリングを楽しい思い出として残せるか、はたまた2度としたくないつらさの代名詞とするかは、すべて天気しだいで決まるからだ。

世界を走り、そのことを身をもって体験してきただけに、修理よりも、地図の読み方よりも、まずは空模様を的確に判断することが重要だと痛感している。

パンクしても道をまちがえても気力は萎えるが、いずれにせよすでに走り出しているのだから、その楽しみの片鱗は味わえているはずだ。

ところが天気はちがう。いざ出発、という朝に雨模様なら、それを知った瞬間に走り出す気力すらなくなってしまう。

だからこそ、修理技術よりも、地図の読解力よりも、本能的に天気を読む力をつけてほしいのだ。

どんな天気のときに決行するか

快晴無風、あるいはそれに準じた日中で、暑からず寒からずの日であればいうことはない。

しかしそんな好条件のときはめったにないから、どの範囲の天候まで体と精神が耐えられるか、ということになる。

快晴無風だが、カナダにしてはあまりに暑い日がつづき、快適とはいかなかった。ブリティッシュ・コロンビア州のホープ付近　1998年7月

これについては人それぞれで意見の分かれるところだろうが、私の経験からいうと次のようになる。

・とにかく雨が降りさえしなければいい。ただし、いつ降ってもいいように準備だけはしておく。

・風は5mの向かい風が限度。これは木の葉や細かい枝がたえず動き、旗がはためく程度である。8mぐらいになって砂が舞い上がり出すと、足のできていない初心者にはつらくなってくる。

ちなみに向かい風5mでは、平均的なサイクリングの速度での体感風速は10mくらいに感じる。

・気温は10℃から30℃の間が無難。5℃を下回ると、どんなに足を回転させても温まらないし、35℃を超えると2時間で熱中症の餌食となる。

これらを季節別に当てはめると、春と秋は雨風さえ避けられれば大丈夫。考えなければならないのは梅雨明けから9月上旬までと、12月から2月中旬までの気温だ。

梅雨明けはとにかく暑い。それでも走りたいのなら、日の出直後にはじめて午前中に片を付けること。

冬は日が傾いてきたときにはもう冷えているから、正午を中心とした4、5時間が勝負となる。

季節別の注意点

梅雨明けと冬のことについて簡単に触れたが、ここで季節別の特徴と自転車旅をするうえでの注意点についてまとめてみよう。

❶春、初夏と秋

春と秋は気象的には過渡期となる。

移動性高気圧や低気圧が、偏西風に流されて東へと移動するため、天気の移り変わりが激しい。「春に三日の晴れなし」「女心（男心）と秋の空」など、春秋の格言には空模様の移り変わりの激しさを物語るものが多い。

北のオホーツク海気団と南の小笠原気団の力が拮抗すると、はさまれた日本列島は気圧の谷にすっぽりと落ちこんでしまう。それどころか前線まで誕生し、空は長期にわたってぐずつくことになる。

その代表例が初夏の梅雨前線、秋の秋霖《しゅうりん》（秋雨）前線で、サイクリストのやる気を著しく削ぐ。

前線が日本列島を横切ったら、どこにいっても雨なので動かないにかぎる。

❷夏

日本列島の南に高気圧が居すわり、広く列島をおおい尽くす。そのため安定した晴れの日がつづく。

台風はこの太平洋高気圧のふちに沿って北上してくる。南のふちを西に進んでいるうちは日本になんら影響を及ぼさないが、進路を北寄りにとりだすと、やがて偏西風に乗って本州に接近してくる可能性が高くなる。沖縄付近まできたら、その動向には注意したい。

むろん台風が来たら、とてもじゃないが走れない。

暑さ対策として、後頭部にタオルやバンダナを垂らして保護している。冷却するための商品もある。しまなみ海道・多々羅大橋付近　2008年7月

2013年の台風18号のとき、電車が止まってしまうというやむをえない状況に追い込まれ、走らざるをえなかったことがある。このとき絶えず吹きつける南風には、行きたくもない反対車線のガードレールまで飛ばされた。

車もまったく走らない、貸切状態の北上路だったからよかったものの、無事に帰れたわが身が不思議なほどだった。

◎注意すべきは夕立と熱中症

夏は1日中晴れて強い日差しを浴びることが多いため、どんどん蒸発した大地の空気が上空で冷え、強力な雲を作るパターンになる。この雲が発達して行きつく先が積乱雲で、ときとして激しい夕立をもたらす。

ゆえに夏の自転車旅は、つねに夕立覚悟で立ち向かうか、夕立前に片づけるのが望ましい。つかまれば滝の中を走る貴重な体験を授けてもらえるが、できれば味わいたくないシチュエーションだろう。

夕立以外で避けたいのは、脱水とそれにともなう熱中症だ。

強い日差しの下を走っていると、体内から水分が絞り出されてしまうのがいやでもわかる。それを補わないと脱水状態となり、それでも無視して走りつづけると、体内の電解質のバランスがくずれていずれ痙攣《けいれん》を起こす。足の筋肉のそれだけで治まっていればまだしも、なおかつ補水しなければ、その先に待っ

季節別のセオリー

季節	走るうえでの注意点
春	2泊3日以上のプランを組んだ場合には、どこかで雨が降ることを覚悟する
初夏	日が長いので、日の出から日の入りまで走ればライトなしで相当の距離を走行することも可能になる。梅雨前線の動きに注意
夏	夏のサイクリングは、天候も気温も安定した午前中に終わらせるのがいい。台風の動きに注意
秋	日の短さのため行動範囲がせばまる。午後3時までには終える日程を組む。秋霖前線の動きに注意
冬	日本海側、東北・北海道は走るのがきびしい。太平洋側は木枯らしを味方につけて東か南に向かうルートを組む

ているのは心臓の痙攣だ。

❸冬

太平洋岸の好天つづきに対して、日本海側は雪だらけと対照的な空模様になる。

したがって日本海側、北日本、山岳部ではサイクリングに適さない。それでもやりたいというなら止めはしないが、かなりつらい状況になる。

関東以南の太平洋岸は適しているが、季節風には悩まされる。それをうまく利用して、北から、西から、東京方面に向かうと追い風を利用した軽快な自転車旅になる（100頁の図参照）。

しかし凍える。

天気図で判断する○と×

冒頭で「私の自転車旅は、つねに天気を読むこととからはじまる」と述べたが、自転車旅に適するかどうかは天気図からも判断することができるので、それについてまとめておく。

なお、基本として次のことは知っておいてほしい。

・冬は西高東低、夏は南高北低が一般的
・高気圧が来れば晴れ、低気圧が来れば天気はくずれる
・等圧線の混み具合が風の強さを表す（98頁参照）
・低気圧が来ても、前線の南側はくずれにくい

・前線の北約300kmが雨の範囲

◉天気がいい天気図

具体的には日本列島の上空、あるいはその近郊に高気圧があり、ほぼ全域をゆるやかな等圧線でおおっている日だ。

◎日本列島上空に高気圧がある日

1日中晴天で風も穏やか。いつもこうであってほしいと願いたくなるような条件。天気のくずれる心配がないので、日没後も視界が利く。

◎その翌日

東方沖に移動した高気圧が、なおも日本列島に勢力を維持しているケース。雲は増えてくるが、その日のうちに天気がくずれる心配はない。しかし翌日までは保証できない。雲がより増えるのは確実で、肌寒さも感じるようになる。

◎その前日

低気圧が去り、西から高気圧が張り出してきた日。空が澄みわたり、さわやかな快晴の下、最高のサイクリングが楽しめる。天気がくずれる心配もなく、走ってよかったと心から思える日。

◎停滞型の高気圧におおわれる日

動かない高気圧の勢力下に入ったとき。天気は比較的安定する。夏は熱射が強いので、夕立と日焼けに注意。冬は寒く北西の風が強い。

●出発してはいけない天気図

逆に自転車旅に出かけてはいけない天気図や状況は次のような場合だ。行きたい気持ちは痛いほどわかるが、ぐっとこらえて次の機会を待とう。

◎台風・低気圧が近づいた

台風が北上しながら九州付近まで来たらやめる。低気圧も同様。爆弾低気圧ということばを天気予報で聞いたら、即刻中止。

◎前線が横たわっている

行ったところでいずれ雨を浴びる。出発時は降っていなくても、どこかで追いつかれる可能性が高い（図①）。

◎東風が吹いた翌日

風は気圧の高いところから低いところに向かって吹くので、東風が吹くということは、西に低気圧があり、偏西風に乗って近づいてくるということを意味する。

◎二つ玉低気圧がある

並行した二つの低気圧が日本列島をはさむようにして進んでいたら、晴れていてもやめる。とくに低気圧同士の中間帯では、一時的に空が安定することもあるが、すぐにくずれるので注意。冬山で晴れ間を見つけて行動したが、たちまちくずれて次の避難所までたどり着く前につかまってしまうパターンがこれだ（図②）。

◎等圧線の間隔がせまく縦じまになる（冬）

とにかく風が強い。たとえ追い風であっても、あおられて危険きわまりない（図③）。

出発してはいけないおもな天気図

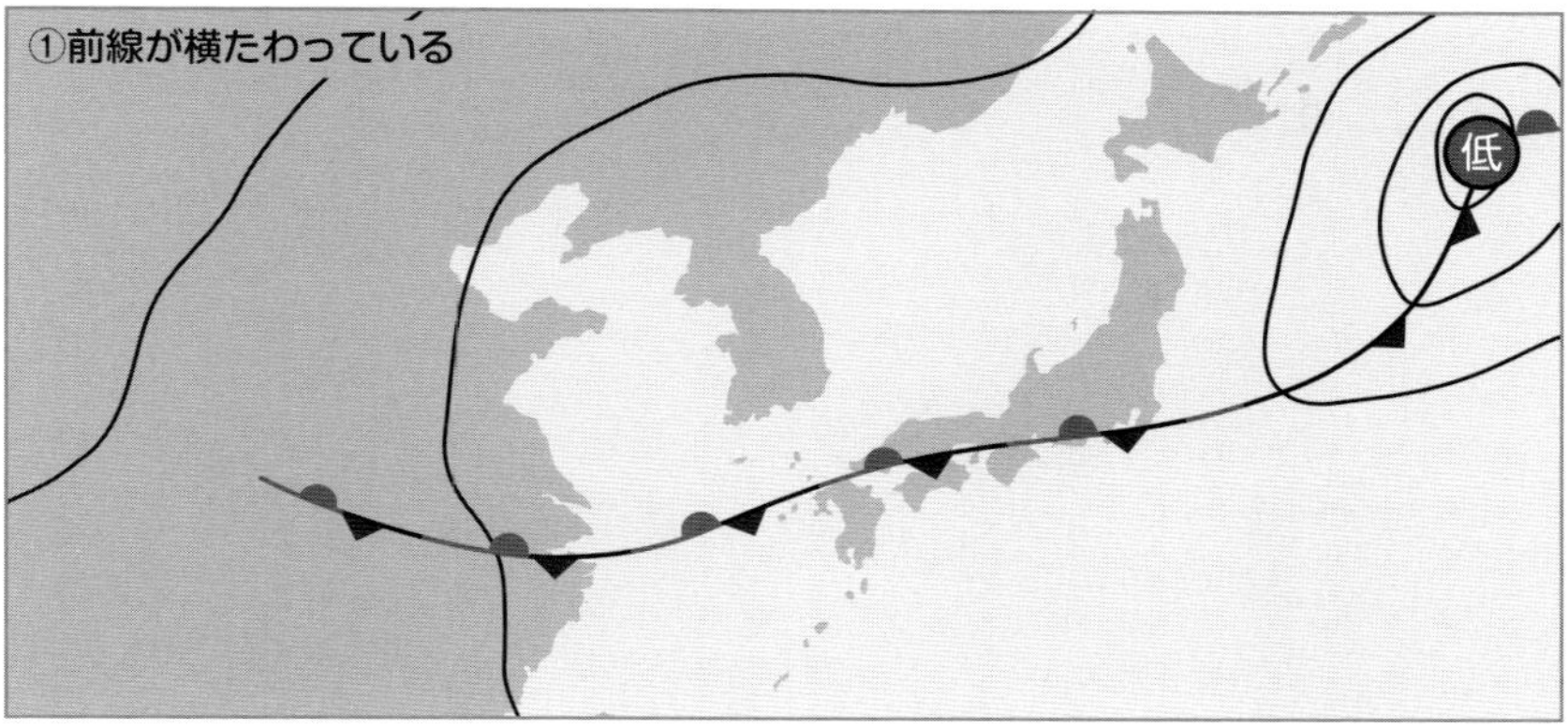
①前線が横たわっている
低

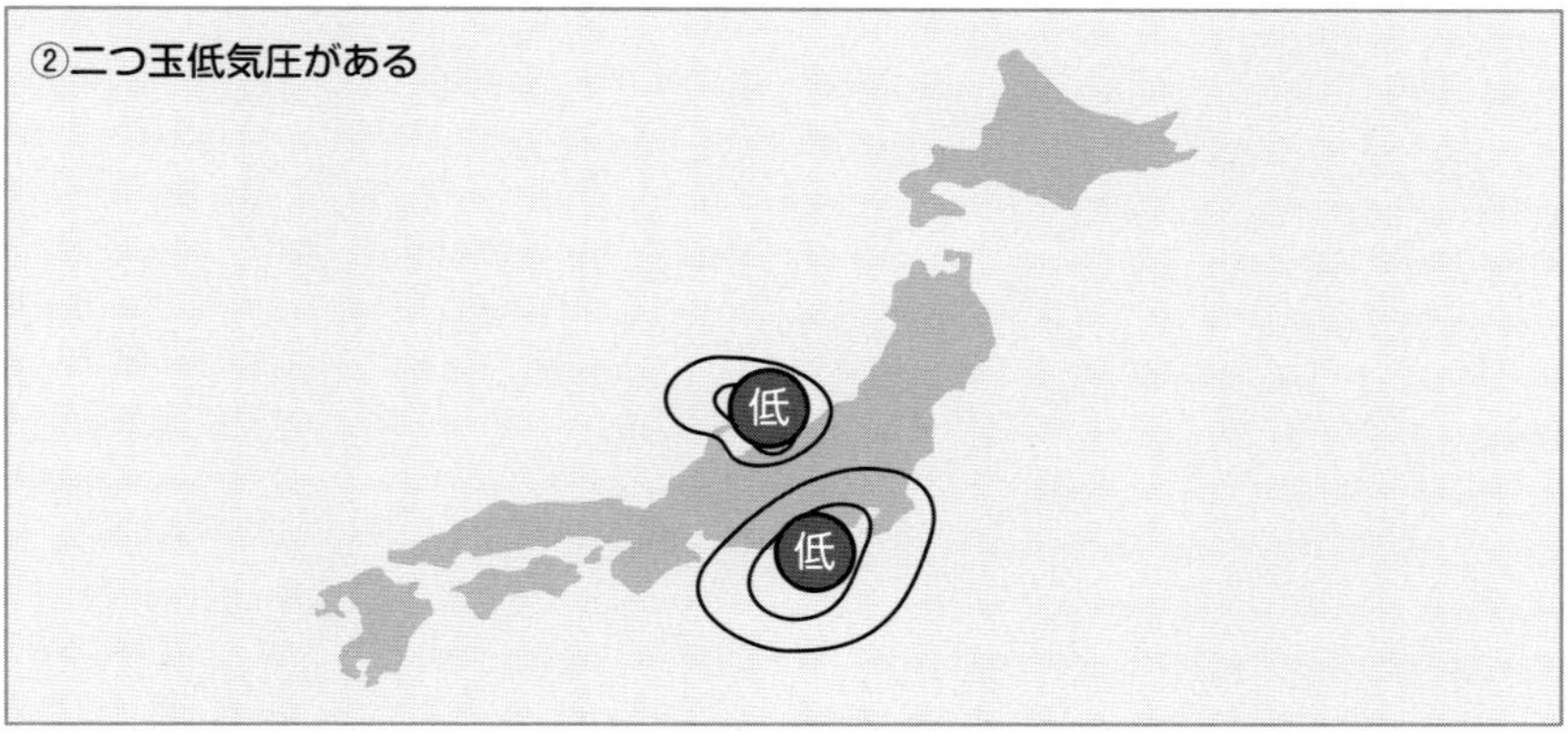
②二つ玉低気圧がある
低
低

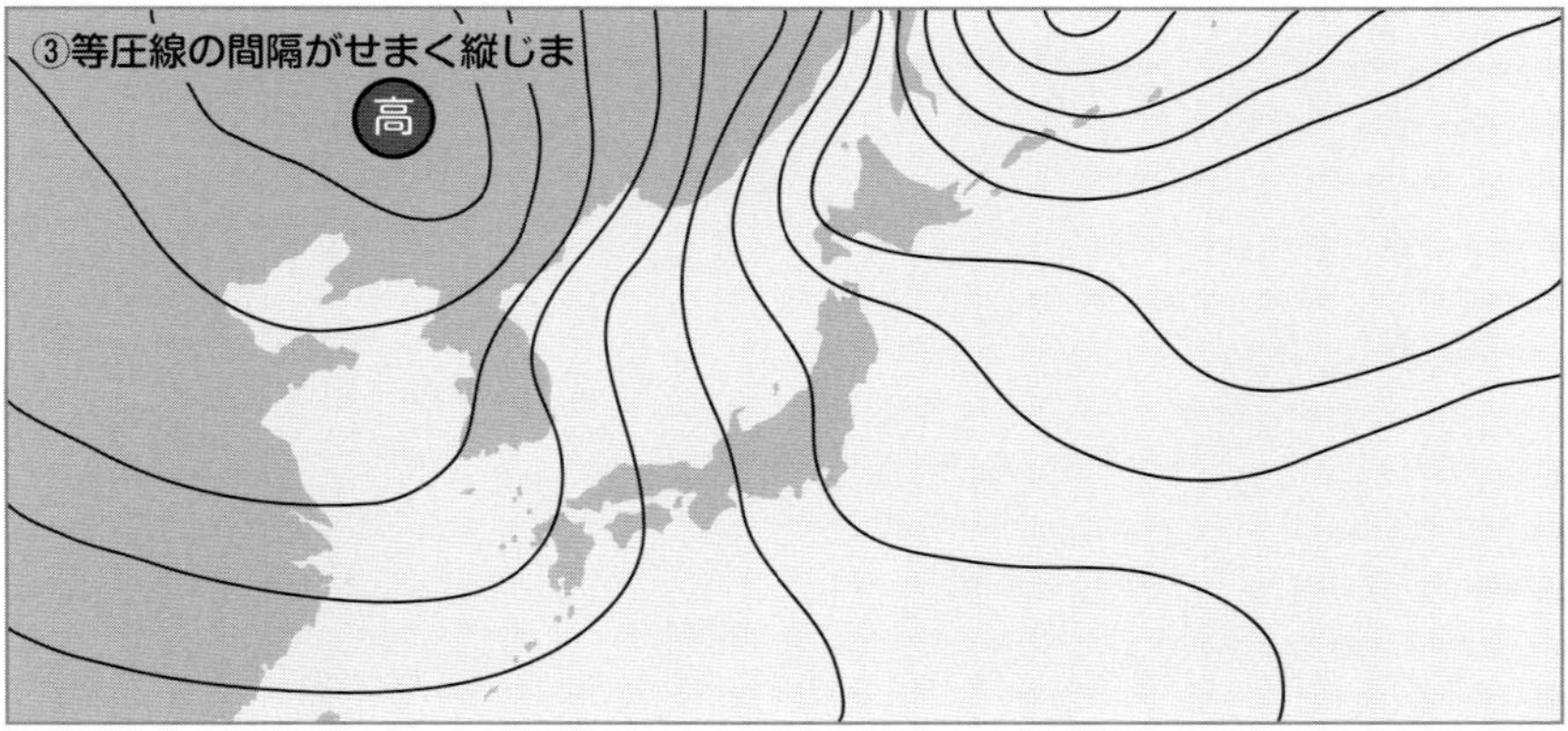
③等圧線の間隔がせまく縦じま
高

天気予報があいまいなとき

日本列島が高気圧にどっぷりと浸かっていれば、「明日の天候、晴れ。降水確率０％」と自信をもって予報できるだろうが、低気圧が近づいてくると、そのコースによって空模様は変化していくから、予報はきわめてむずかしくなってくる。

かりに低気圧が南を通れば直撃される南部は大荒れだが、北のはずれは雨すら降らないかもしれない。むろんその逆もありえる。

その点、市町村単位の予報なら範囲がせばまるのでより正確になる。気象庁も苦しいところなので、自分で判断しよう。

基本的には低気圧が通過するような日でも決行するしかないのなら、できるかぎり予想位置から離れること。ただそれだけである。

たとえば南に行くプランを組んで集合場所である駅に集まったとする。そのとき、低気圧が目的地のあたりを通過しそうだとしよう。この場合は迷わず北に変更し、南下するルートを組む。

低気圧から３００㎞も離れれば雨は降ってもわずかだし、目的地に着くころには通り過ぎて天気は回復している可能性がある。むろん走らないのがいちばんだ。

世界と日本の気候を把握する

小学校や中学校のとき理科で気候区分というものを教わったはずだから、それを思い出そう。

まずは世界から。地球上の気候帯は大まかに、熱帯、乾燥帯、温帯、寒帯、冷帯の５つに分類され、その中で日本は大部分が温帯として分類されている。

温帯にもいくつかのタイプがあり、温暖湿潤、温帯夏雨、地中海性、西岸海洋性の４種類に分かれている。

もしもあなたが長期の海外自転車旅を計画しているのなら、これらすべての気候の特徴を把握しておかないと、いずれ悲惨な立場に追い込まれることを覚悟しておこう。国内のみで留めるのであれば、日本の気候の特徴だけでいい。

狭い日本などと表現されるが、どうしてどうして、日本も意外と広い。

亜熱帯の南西諸島と亜寒帯の北海道、また同じ温帯でも太平洋岸と日本海岸では、まるでちがった気候になる。中国・四国両山地にはさまれた瀬戸内も独特な気候環境をつくっている。

そしてその特徴は……。日々の天気予報には画像があふれているので想像できるだろう。これらの気候帯をうまく利用すると、求める旅は必ずや楽しいものになってくる。しかし無視すると悲惨な末路が待っている。

自転車旅の難敵

風の日、暑い日、寒い日、雨の日にも走らなければならないときがある。

穏やかな天気のもと、快適なサイクリングをつづけたいと思うのはだれも同じだが、相手は自然だからそううまくはいかない。快適な自転車旅の前に立ちはだかる気象条件につ

見渡すばかりの砂と岩の世界ゆえに連日強烈な向い風を浴びた。ペルー西部の海岸地帯に広がる砂漠　1982年5月

いて考えてみよう。

難敵その1・風

サイクリング最大の敵である。雨はやむ見通しが立つのに風は立たないから、風のほうがいやだというサイクリストは多い。

往復ルートやループ（輪状）ルートならどこかで追い風になるが、一直線のルートを組んでしまうと、全行程で向い風を浴びることにもなりかねない。これではたまらない。

そこでどういうときに風が吹くのか、強くなるのかを把握しておく。そうすれば対策も立てやすい。

●風はなぜ吹くのか

風とは空気の流れである。なぜ空気が流れるのか。水が高いところから低いところへ流れるように、空気も気圧の高いところから、低いところへと流れている。高気圧が山で低気圧が湖、そこを結ぶ川が風の流れと考えれば理解しやすい。

地図から山の起伏を立体的に想像できれば問題ないが、二次元の紙面から三次元の立体画像を想像するのは意外とむずかしい。しかしここは、想像力豊かに思い浮かべてほしい。

地形図には等高線という、同じ高さの位置を結んだ線がある。同様に天気図にも同じ気圧を結んだ等圧線という線が存在する。

この二つの線の性格は同じで、線が混み合っている地域の水流が速いように、天気図でも吹く風が強くなる。そして等高線の向きが川の流れる方向を示すように、等圧線の向きも風の方角を決める。

そこを読んで当日の風を予測する。

たとえば、予想天気図を見て、西に高気圧、東に低気圧があり、等圧線の縞が縦に混み入っているようなら強い西風が吹いてくる。そんな日に直面したら、西に向かって輪行し、西風に乗って帰ってくるか、いっそのことやめてしまう。

●おもな風の種類を知っておく

風にもいろいろな種類がある。自転車で走るときに関係してくる風には次のようなものがある。

◎日本の季節風

冬は日本列島のほぼ全域で北西風、俗にいう木枯らしが吹く。夏場は同様にして南風が日本列島を吹き抜ける。なぜ季節風が吹くのかといえば、冬は高気圧が大陸にあり、夏は高気圧が太平洋上空にあるからだ。

したがって旅を楽に進めたかったら、冬は東南ルートを、夏は北上ルートを選ぶのが王道となる（次頁の図）。

◎海風

季節風とは別の風の流れがある。その代表格が海から陸に向かって流れる海風で、日中に吹く。

海と陸との気温差から生じ、海から直角に吹いてくるため、海岸線を移動する身にはつねに横風となる。けっこう強く吹くので、海はきれいでよかったが風に悩まされた、とい

季節風を利用したルートの例

季節風を有効に活用して、冬は北西風、夏は南風に乗るようなルートをとると楽に走ることができる

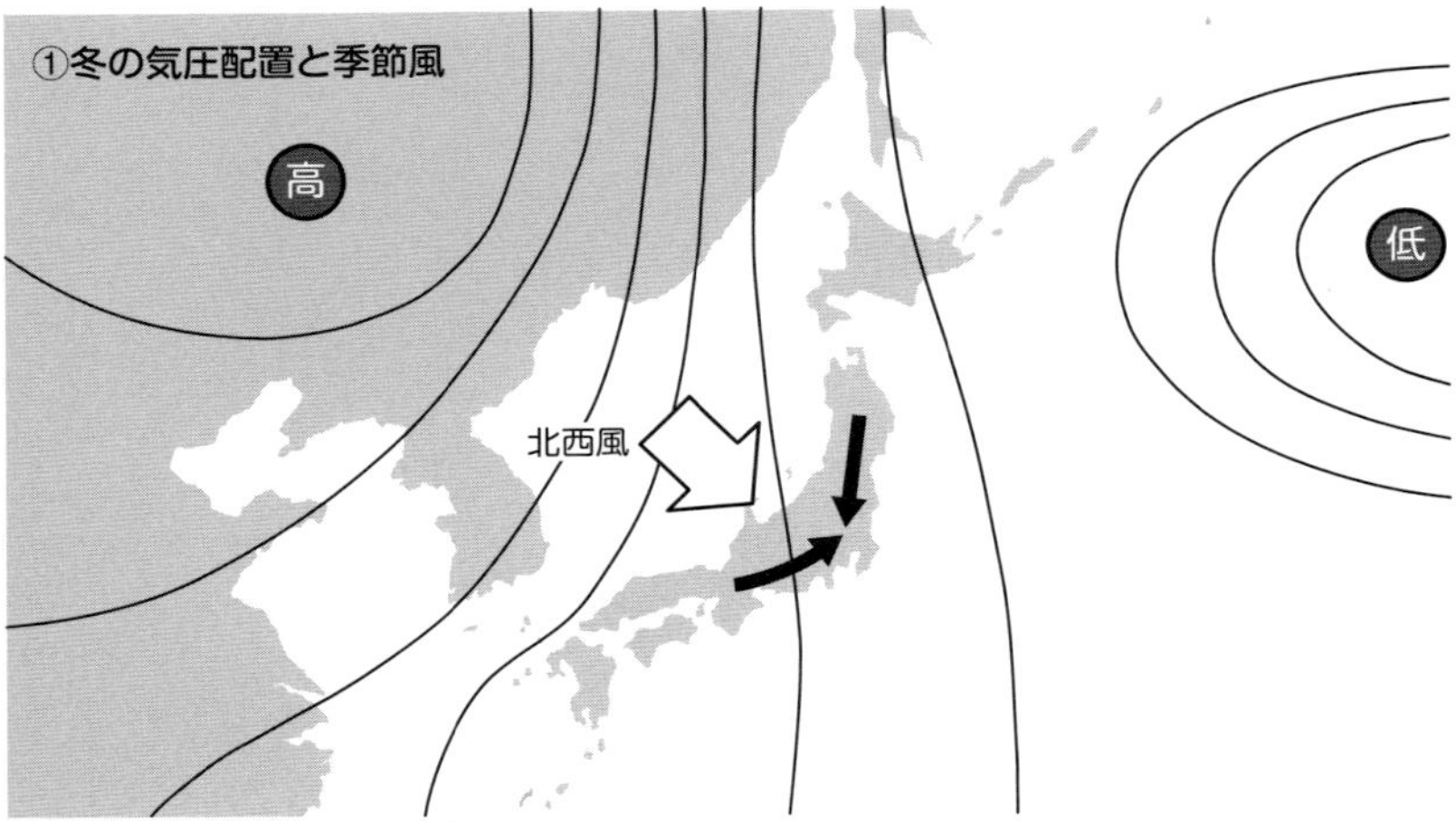

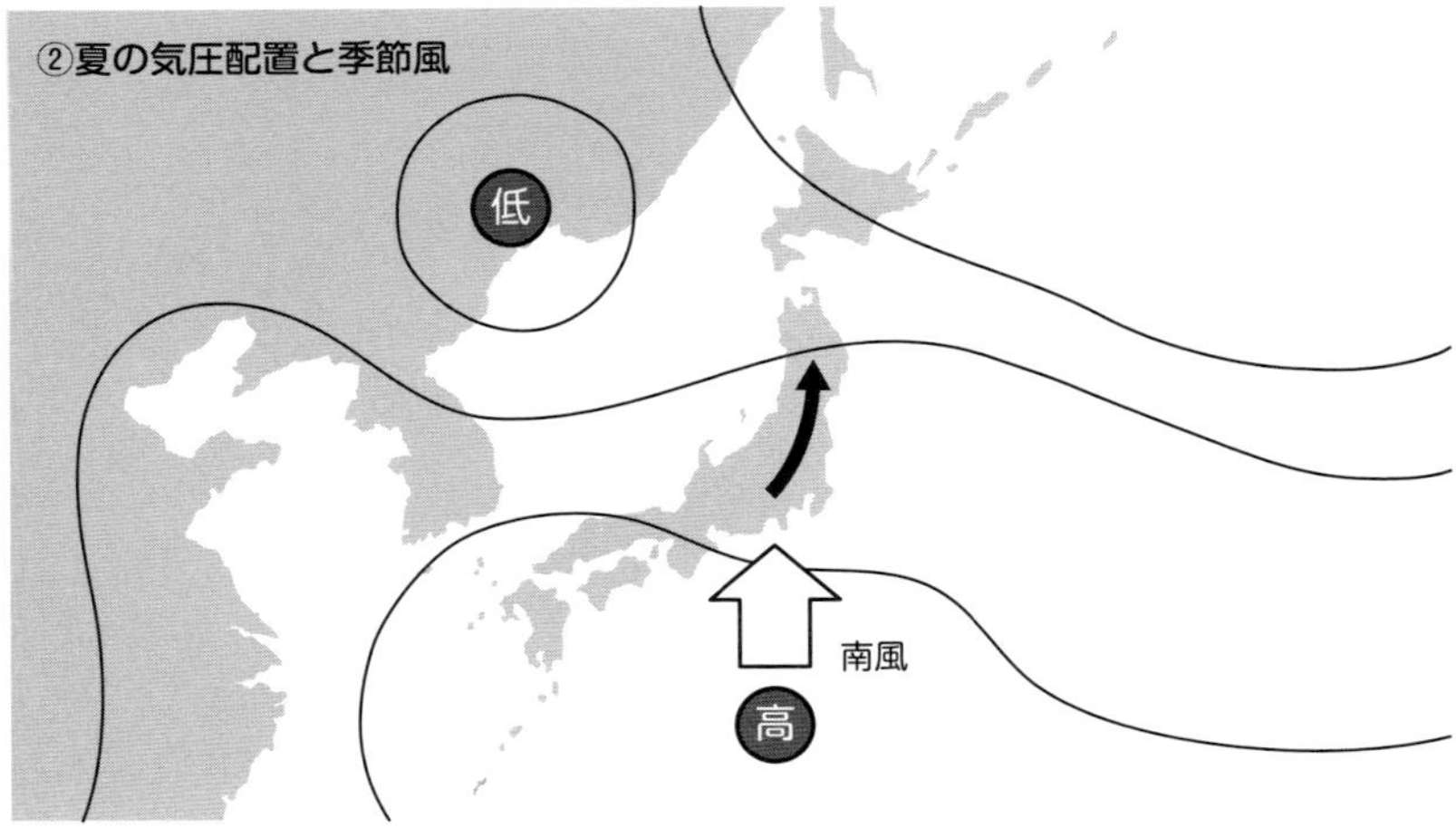

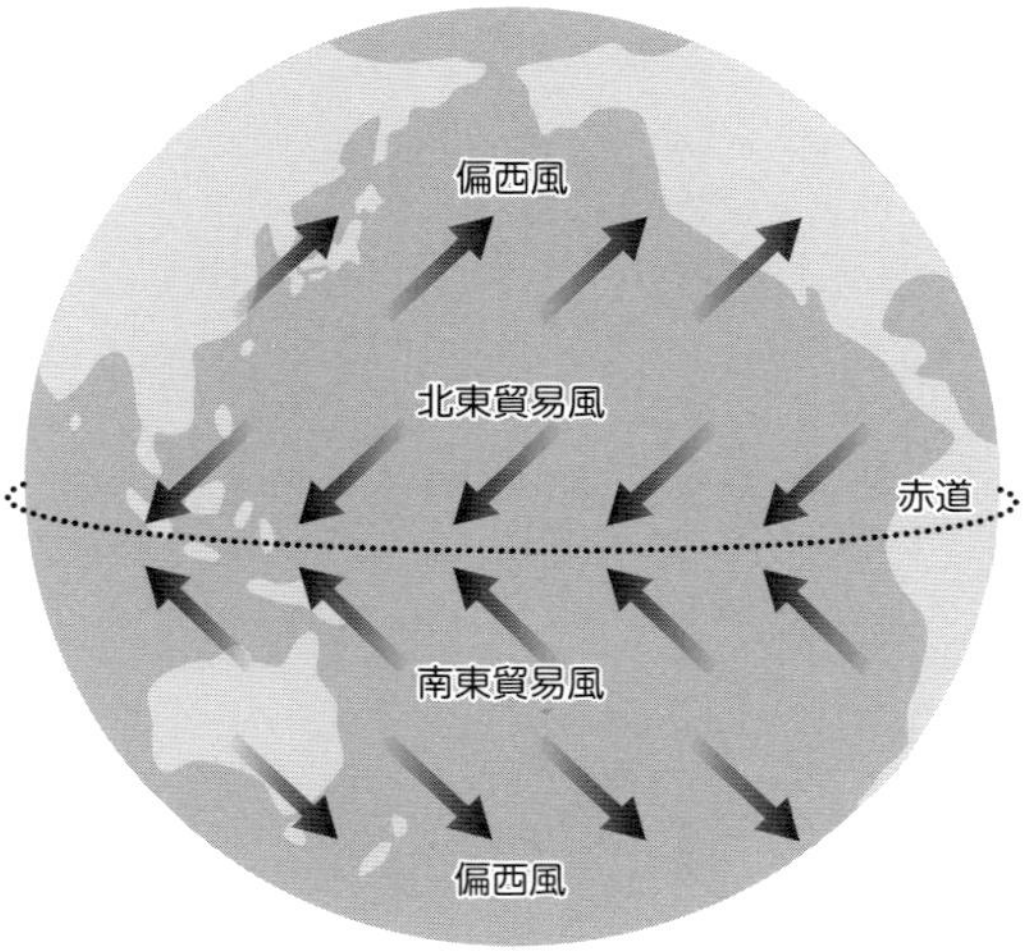

貿易風と偏西風
世界の大きな風の流れを頭に入れておいて、なるべく風を利用したコース取りをすると疲れが少ない

う人も多いと思う。

これを避けるには海から離れるのがベストだが、景色のことを考えるとそれもできないのがつらい。朝夕は海と陸の温度が一致することで風がやむ（いわゆる凪《なぎ》）ので、そのころに走るのが最大の回避策となる。

◎街の風と川の風

風の強い日に都会を走ると、その流れしだいで瞬間的に思わぬ強風にあおられる。いわゆるビル風と呼ばれるものだ。

一方、川も風の通り道になるから、橋を越えようとするときに強風に直面しやすい。

風が強いなと感じる日には、そのようなことがありえると考えて、身がまえるようにしたい。

●貿易風と偏西風

世界の自転車旅を視野に入れている人は、少なくとも中緯度帯の偏西風と、低緯度帯の貿易風については知っておきたい。

具体的には、夏場の台風が東風で西に流される貿易風帯、西風で東に流される偏西風帯である。その周辺には、年間を通してその向きに吹く風が存在する。よって、その地域を東西に走るときは、できるかぎり風に乗るコースを選ぶといい。

・北米横断……西から東へ
・中米……東から西へ

・南米南部……西から東へ
・アフリカ……東から西へ

海外で砂漠などを走るときは、とくに風向きについて調べ、追い風に乗るコースをとることをおすすめする。

難敵その2・気温

風の次に影響を及ぼすのは気温である。

どうにかこうにか走れるのは、0℃から35℃までだ。氷の張る気温から体温を超えるまでが許容範囲となる。快適さを求めれば10℃から30℃までとなる。

35℃を超えると直射日光の下で吹く風は熱風となってくる。走っているうちはまだいいが、止まると風がやみ、一気に汗が噴き出してくる。当然のことながら暑さによる疲労も莫大なものとなるため、7月の梅雨明けから8月いっぱいの自転車旅は、あまりすすめられない。

どうしてもこの時期しかないというのならば、より涼しい北に向かうか、海岸線のルートをたどること。および涼しい午前中に片づけることだ。

●過去に経験した最高気温

熊谷で40・9℃の当時の日本記録を作った日（2007年8月16日）のその時間帯、私は千葉の自宅と茨城の実家を往復していた。走るのは水郷地帯なので水気が多く、熊谷より条件は緩やかだったと思うが、それでも37℃はあっただろう。

帰ってきてから水風呂で何度も体を冷やしたがとても追いつかず、ひりひりする肌に寝つけぬ夜を過ごすことになったのを覚えている。

連日の40℃超えに疲れもピークを迎えるが、食料調達のため走るしかない。サハラ砂漠の手前 1984年5月

海外ではアフリカや南米で40℃を超えた日が何度もあった。できることなら走りたくはなかったのだが、進まないことには食料の補給がままならず干上がってしまうので、走るしかなかった。

それでも進めたところに、20代の若さがあったのだといまさらながらに思う。50代の現在では確実に熱中症で干からび、生死の境をさまようだろう。

ちなみに、これまでの経験では51℃が最高である。ニアメ（アフリカ西部の国・ニジュールの首都）のキャンプ場にいたときで、ぐったりしたまま何もできなかった。

◉過去に経験した最低気温

海外に出るまで冬に走ったことがなかったので、初めての氷点下は、アメリカ合衆国北東部のニューイングランド地方を走っていたときになった。

このときは連日氷の張る朝に震えて耐えきれず、空き家に潜りこんで夜を明かそうとしたら近所の人に通報されてしまい、捕り物騒ぎとなって留置所にぶち込まれたという、苦い経験がある。

自転車仲間の安東浩正君は寒さにめっぽう強く、氷点下30℃を下回る冬のシベリアを横断してきた。川が凍ってはじめて道が誕生する地域だから、わざわざこの時期を選んで走ってきた猛者《もさ》である。

皮膚には冷たさを感じる冷点という感覚点があるが、これがおかしくなっているとしか思えない。氷点下でも避けたい私には、とうていできない技だ。

それはともかく。

世界一周第1ラウンドの旅から帰国して仙台在住になったので、冬の東北を走る機会が持てた。１９９２年12月、秋田の田沢湖近くで雪に閉ざされた道を走ったが、そのときの氷点下７・３℃が当面の最低気温である。

そしてつい最近、それが破られるときがきた。この本の原稿を執筆中の２０１６年1月26日。寒波が猛威をふるい沖縄にみぞれが降ったという日の午前3時だった。

仕事を終えて帰る道すがら、通勤ルート上でも気温の下がりやすい地区で、携帯用温度計はなんと氷点下８・２℃を記録した。それから10分、千葉駅前まで来たら１・３℃まで上昇した。たった３㎞で10℃ものちがいである。

けれども冷えきった足は思うように回転してくれない。完全防寒で身をくるんでいたが、こんな冷気を浴びてはまともに走れるはずもなく、長い未明の帰宅路となった。

難敵その3・雨と雪

雨の日が大好きだというサイクリストはいないと思うが、旅をしていれば日程などの関係から、どうしても走らなければならないことがある。

◉雨の日に注意すること

雨の日は走らないに越したことはないが、やむなく走る場合の注意点を、私の経験からいくつかあげてみよう。

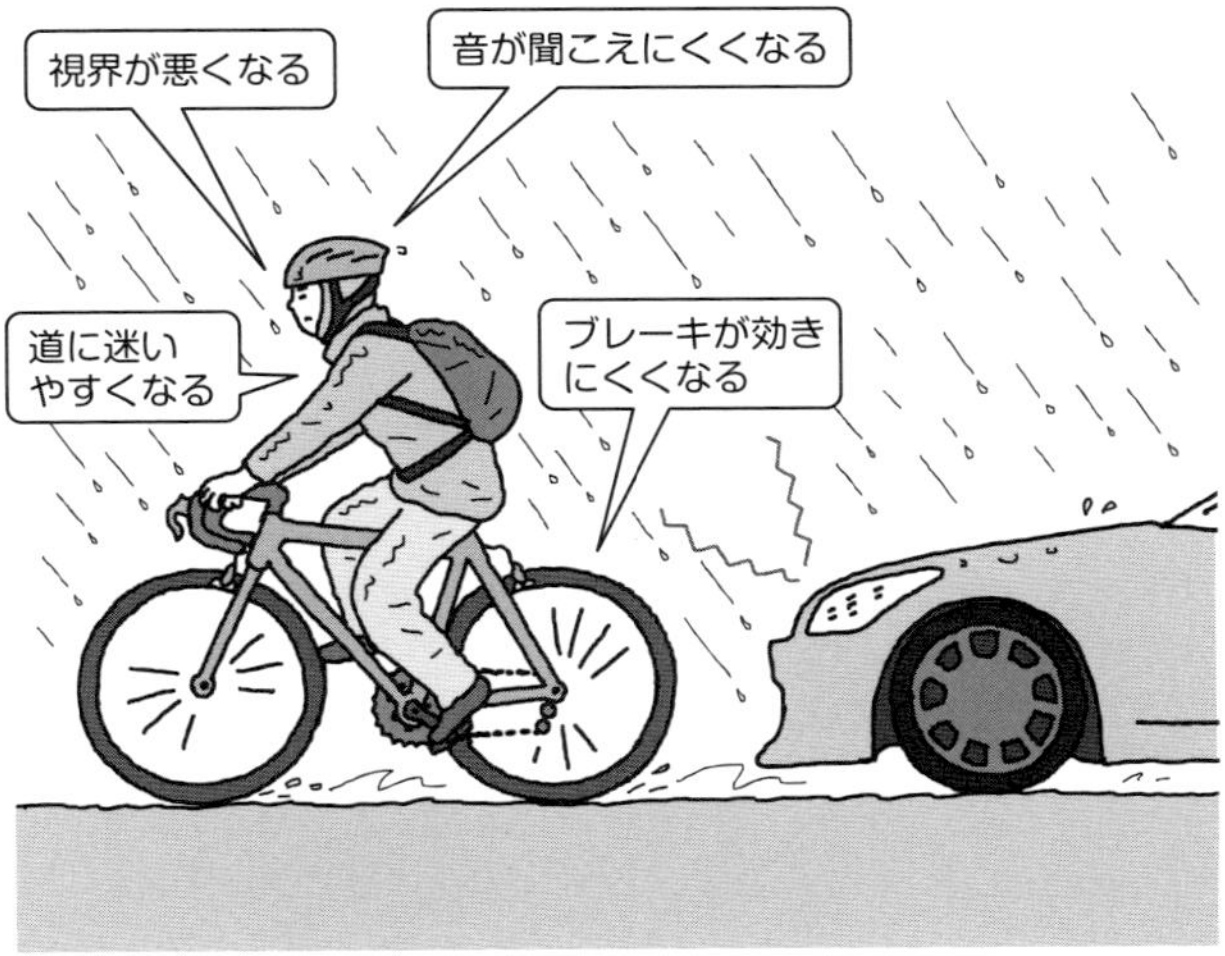
視界が悪くなる
音が聞こえにくくなる
道に迷いやすくなる
ブレーキが効きにくくなる

雨の日の注意点
雨の日に走らざるをえないときには、いくつかの点に注意したい

◎視界が悪くなる

雨が降ると雨滴が目に入るため、視界が悪くなる。また、カッパを着てフードをかぶることによっても視界がせばめられる。

この対策としては、野球帽などツバのある帽子をかぶった上にフードをかぶせるといい。

◎ブレーキが効きにくくなる

雨のためにリムが滑りやすくなるため、ブレーキの効きが悪くなる。また、路面が水に浸って道に落ちているガラス片やクギなどが流れ、パンクをしやすくなる。

雨の日はふだんの3倍くらいブレーキが効きにくいと考えて、早めにブレーキレバーを握ることを意識しよう。

◎音が聞こえず、落としものをしやすくなる

雨音のために、近くを走る車の音などが聞こえにくくなり、その分危険度が増す。交差点を通過するときは、とくに注意を要する。

また、音がかき消されてしまうために、落としものをしても気づかないことが多くなる。私が落としものをするときは、雨の日である確率がかなり高い。

◎道に迷いやすくなる

これは、雨の中で走るのをやめて地図を開くという行為が煩わしく、ついそれを怠って先を急ぐために起こる。

一刻も早く雨宿りしたいという気持ちはわかるが、雨の日こそ

「おかしい」と思ったらすぐに地図を見るようにし、結果的に傷口を広げないようにしたい。

◉雨の日の対策

雨に遭って困るのは荷物が濡れること。その対策としては、濡れては困るものをすべてビニール袋でくるむ。また、衣類は速乾性の濡れても湿り気をあまり感じないものを着用する。

もうひとつ大事なことは、走り終えたら自転車についた水気を少しでもふき取ること。できればシートピラーやハンドルを外してフレーム内の水も取り除きたいところだが、旅先ではむずかしいかもしれない。

衣類はすぐにでも乾かそう。速乾性素材のものなら、部屋に干してエアコンをつけておけばすぐに乾くが、綿だとむずかしい。ホテルの近くにコインランドリーがあることを祈ろう。

◉雪の日に走れるか

２０１４年2月。関東地方を襲った大雪のおかげで、雪に対する情報がたくさん集まりうれしいかぎりであった。

この日私は仕事で職場にいた。降り積もる雪に「車に乗せていくよ」と親切な同僚が誘ってくれたが、こんなチャンスを逃せるものじゃない。

張り出す庇の下に止めておいたからわからなかったが、自転車置き場から引きずり出すや、フロントハブの真下まで雪に埋もれていたのにはさすがに愕然《がくぜん》とした。

新雪でこの深さは走れない。過去の経験から、新雪で走れる深さはチェーンの高さまでと知っている。チェーンの下側が降り積もった雪にかかると、くっついて移動した雪がフリーギアに溜まりだし、団子になって噛まなくなるのである。

それでも車が圧雪してくれた轍《わだち》を選んでいけばと、倒《こ》けつ転《まろ》びつ、どうにかサイクリングロードに達したのだが、ここで完全に立ち往生した。そこはフロントフォークさえも埋もれる、無垢の新雪だったのだ。

回転するチェーンの下側どころか、上側まで埋まるようでは走れるはずがない。やむなく車道にもどって、轍に前輪を取られては転び、無理と悟っては降りて押し、を繰り返し、16kmの道に2時間半もかかったものの貴重な体験ができた。

なお、関東の雪で困るのは降った当日ではなく、路面がバリバリに凍るため歩くことすらままならない翌朝だ。そんな中を走るなんてとても無理なので、確保した休みをつぶしたくないという人は、より暖かい南へ、南へと移動しよう。

都心部の路面は凍結していても、房総半島、三浦半島、伊豆半島の南端まで行けば、雪は消えているかもしれない。

夜の走りはなるべく控える

気象条件ではないが、自転車での走行をしにくくする要素として夜があげられる。

事故に遭わないためにも、視界の利く明るいうちに走り終えるのがいちばんだが、日程などの関係からどうしても夜まで伸びてしまう場合がある。気になるのは、いつから視界が利かなくなるのか、ということだ。

初夏はいつまでも明るく、晩秋はたちまち暗くなるのは経験からわかっている。しかし具体的な細かい時間まではわからない。

そこで味方になるのが新聞の気象欄だ。ここに日の出・日の入りの時間が記載されてい

1日走って予定どおり目的地に到着し、夕日を眺める。中国・蘇州近郊の水郷古鎮・朱家角　2009年の大晦日

るから、それを参考にするといい。

たとえば、関東地方の日の出・日の入りの時刻の場合、大ざっぱに

[夏至] 日の出＝4時30分・日の入り＝19時

[冬至] 日の出＝7時・日の入り＝16時30分

と覚えておけばいい。

つまり明るい時間は、もっとも動ける夏至のころで14時間30分、一方の冬至のころで9時間30分となる。

この数字に平均時速の20㎞をかけてはじき出された値が、日の光を浴びて走れる最大移動距離ということになる。

日は落ちてもしばらくの間は視界が利くから、ライトを使わずにすむ時間まで含めると、前後おおよそ30分ずつ、計1時間増すことができると考えていいだろう。

●夜走るときの注意点

街中を走っている分には明かりが漏れてくるので、小光量のライトでも問題ない。

一方、暗闇の田舎道を走るとあらかじめわかっているときは、それなりの光量のライトを準備しなくてはならない。さもないと暗くて非常に走りにくいからだ。

サイクリングロードも暗いが、いまは20ｍぐらいまで光が届くライトがあるから、時速

20kmとはいわないまでも15kmぐらいなら維持はできる。

夜のサイクリングロードが走りにくいのは、路面が悪いうえに車の進入を防ぐための柵が随所にあるからだ。

もうひとつ、暗くなったときにサイクリングロードを走ってみればすぐにわかることだが、並行した道路を走る車がハイビームのままなのが大いに困る。

同じ道路ですれちがう分には、存在に気づいてライトを落としてくれるのだが、一段上の土手を走っていると、まったくといっていいほど無視される。だからいつまでもハイビームのままで、それを照射されるサイクリストはまるで目つぶしを浴びたかのように何も見えなくなる。

つまり夜のサイクリングロードは、暗いから怖いのではなく、障害が昼間と比べて格段に増えるから怖いのだ。

対向車のハイビームには、雨のときに重宝する野球帽がここでも活躍する。一般道でも同じだが、頭を車線側に気持ち傾けて下げ、つばで光を遮断するようにすれば、どうにかやり過ごせる。

●私の好きな夜の道

車のめったに通らない夏の月夜の田舎道はいい。

都会暮らしではなかなか気づかないだろうが、そのとき月の存在がいかにありがたいかを実感できる。ゆっくり走るだけなら、十分に路面を照らしてくれる。

とくに海や湖の近くで、さざ波の水面に尾を引く月あかり。これは最高だ。

輪行でより遠くへ

かぎられた時間を有効に使うための必須テクニックを活用する。

いまや自転車にあまり興味のない人でも輪行ということばは知っているだろう。輪行なくして自転車旅はありえない。それほど自転車と輪行は密着している。

いうまでもなく、輪行とは、①自転車を分解し、②袋に収納して、③交通機関に移動をゆだねて目的地まで運んでもらい、④そこで組み立てて、⑤走り出す、行動のことである。

これを覚えて、夢の空間、異次元の世界へと飛び出そう。

いろいろある輪行の手段

輪行は一般的に知られた鉄道ばかりでなく、新幹線はもちろんのこと、フェリー、はては飛行機まで使えるのだから、これを利用しない手はない。

解体・収納・組立てという、いささか面倒と思われる手順を踏むしかないが、覚えてしまえばわずか10分の作業だ。

たったそれだけの手間で、1日50km圏内止まりだった行動半径が、いきなり500kmに、飛行機を使えば地球規模に拡がるのだから、それぐらいの手間はなんでもないだろう。

これさえ覚えてしまえば、サイクリスト憧れの道、あのしまなみ海道だって日帰り圏に収まってくる。

JR中央本線の藪原（やぶはら）駅まで輪行して、仲間とともにいざ乗鞍ヒルクライムレースへ　2009年8月

鉄道輪行の注意点

輪行の中ではもっとも利用される手段。目的地までの移動は鉄道に任せ、着いたら組み立てて走る。そのための作業は、駅前広場などで行うことになる。

輪行するにあたって、いくつかの注意点がある。

①大都市圏での通勤ラッシュはすさまじいものがある。当然のことながら、この時間帯に大きな荷物（自転車）を持ち込めば多大なる迷惑をかけることになるため、7時から9時の時間帯は外したい。

②輪行した自転車は非常にかさばり、かつ場所も取るので、いきおい出入り口付近に陣取ることになる。ゆえに乗降客の邪魔にならないよう注意する。

③新幹線や特急を利用するときは、身近に置けることから車両最後尾の席の確保が望ましい。そのためにも空いている時間帯の自由席を利用しよう。ただしそのとき、自転車が当たるのでリクライニングは使えない。

④どうしても混雑する時間帯を使わなくてはならないなら、迷惑にならないように普通車よりも空いているグリーン車を使う。

⑤帰宅を確実にするためにも、終電と最終特急の時間は把握しておく。

◉鉄道運賃のちょっとした話

ＪＲの料金について考えたことはあるだろうか。鉄道料金は基本的に移動距離（営業キロ）によって決まる。そのためなんとなく不愉快な気分に陥ることがある。

水戸駅から私の自宅の最寄駅まで切符を買うと２２７０円だが、一駅前のＡ駅で降りると１９４０円。３３０円のちがいがある。

これはＪＲ東日本の場合、営業キロが１０１㎞以上６００㎞では、20㎞ごとに料金の区分が変更になるからだ。つまり水戸駅から最寄り駅までの営業キロは１２２㎞なので２２７０円だが、Ａ駅までのそれは1区分前で納まるため１９４０円となる。

このことを知ってからは、当然一つ前のＡ駅で降りて走ることにしている。また、このわなにはまると悔しいので、最寄りの駅、ひとつ手前、二つ手前の駅と国内の主要駅までの営業キロ一覧表を作っておき、つねに持ち歩いている。

手前だろうが最寄りだろうが、駅に着いたら組み立てて走るのだから、５㎞ぐらい距離が伸びたところで苦にはならないし、それが5回繰り返されれば本書の代金くらいは出るのだからこのちがいは大きい。

飛行機輪行の注意点

輪行は鉄道だけではなく飛行機でも可能だ。飛行機を使えればその行動範囲は地球規模に及ぶ。

ところが困ったことに、飛行機では自分で自転車を管理できない。機内への積み込みは他人任せだから、運が悪ければやりたい放題やられてしまう。

国内線ではまだ安心できるものの、国際線の場合は……。持ち込む際にカウンターでは「ていねいに扱います。しかし破損する可能性も否定できません。ですから破損してもクレームはつけないと一筆書いてください」とサインを求められる。

その結果どういう扱いを受けるかはわかりきったことだが、ここで拒否すれば乗せてもらえないからサインするしかない。それでも我慢して輪行してきたが、とうとうフレームが折れるという事態が発生したのをきっかけに国際線での飛行機輪行はやめた。

◉飛行機輪行をしようとする人へ

私の経験からいえることだが、落とされても耐えうる自転車にするか、壊れても放棄できる使い古した自転車にすることだ。具体的にはカーボンフレームよりはスチール製とか、いつ放棄しても惜しくない使い古したものにする。

また、輪行料金として高額な追加金額を要求する航空会社もある。国際線のチケットを持ってカウンターまで行き、自転車を預けるやいなや「追加料金です」と言われてもふつうは断れない。

そのような危険性を感じてまで飛行機輪行をする気はさらさらなくなり、フレームが折れてからというもの、現地で安い自転車を買って移動し、帰国するときに放棄するという手法に変えた。

場所にもよるが、1万円も出せば現地で自転車が買える。

安物だから車体は重いが、サドルを上げればスポーツタイプでなくても、1日80㎞の移動には十分に耐えてくれる。ロードバイクで開発途上国を走っていると、その姿の珍しさから人々の注目を浴びてしまい煩わしい思いもするが、地元車なら心配無用だ。

帰国時の放棄が少々問題だが、そのときは最後に泊まった安宿の主人に相談すればいい。日本とちがって喜んで引き取ってくれる。

レンタサイクルという手もあるが、体にフィットするサイズがあるかどうかもわからないうえ、貸りたら基本的には出発点にもどらなければならない。

したがって、一直線に走り抜ける移動型サイクリングはできず、周辺を動く滞在型サイクリングにするしかない。しかも1週間借りれば、そのレンタル代は購入費用に近くなる。

◉飛行機に持ち込めるもの

工具は15cmまでの長さのものしか持ち込めない。よって長くなりがちなドライバーやスパナに注意。またスプレーオイルも不可。そして何よりも困るのは、爆発物扱いでパンク修理道具のうちゴムのりが持ち込めなくなったこと。おかげで現地入手するしかなく、手に入れるまでハラハラしつつ走ることになる。

ちなみにこれは2014年に使った松山便で、工具の持ち込みを申請したら物差しで測られたので、たずねたときの回答。そしてゴムのりは取りあげられた。

ゴムのりが禁止になったのは、テロリストが爆発物の材料として使おうとしたかららしい。

このときは、話のなりゆきから現地の男に1日500円でヘンな自転車を借りて、メコンデルタを旅した。ベトナム・ミトー　2010年12月

私の小さな楽しみであるサイクリングにまで影響を及ぼすとは、テロリストにも困ったものだ。刃渡りが小さければ刃物でもガスボンベでも持ち込めた80年代が懐かしい。

航空会社にしてみれば、飛行機が爆発するかしないかの瀬戸際だから客の都合など聞いていられない。しかも手口は年々巧妙になっていく。

だからこれらの基準も、乗客にとって不利な方向へと変わっていく。出発する空港に着いたはいいが、手荷物没収という事態はつねに考えておきたい。

フェリー輪行の注意点

船での移動は、飛行機とは比べものにならないほど旅心をかきたててくれる。たとえ目的地が見える距離の島であっても、狭い海峡を隔てた対岸であっても。

あの心地よい波のゆれと汽笛の響きが、行く人の気持ちを感傷に浸らせるのだろう。一度でも自転車を乗せて潮風を浴びた経験のある人は、旅の本質に触れたような気分になったことだろう。

ところが悲しいことに、高速交通網の発達から懐かしいフェリーはどんどん減便に追い込まれ、〝ひとまたぎ〟の橋の完成で定期便の短距離船舶はことごとく廃業してしまった。

東京の多摩地区に住んでいたころは、気が向くと川崎まで走り、フェリーを利用して木更津に渡って、そこから茨城まで走るというルートで1日かけて帰省した。その航路もいまではアクアラインの開通で廃止されてしまった。

高速では旅情のかけらも感じられず、アクアラインは自転車が入れない。つまらない時代になったものである。

それでも離島の多い西日本には瀬戸内海路線をはじめとして、自転車旅の情緒をいやがうえにも演出してくれる心強い存在がある。

しまなみ海道をただ単に往復するだけでも楽しいが、途中の島からフェリーを使ってのエスケープも可能なので、事前に把握しておこう。

しまなみ海道のルート・大三島の盛港から大久野島経由で忠海（竹原市）を結ぶフェリー。約30分の船旅だが風情豊かだ　2008年7月

以下、フェリーを利用して輪行するときの注意点をいくつかあげておく。

①風に弱く欠航が多い。欠航されるとスケジュールの大幅な見直しを迫られ、帰宅時間の目星が立たなくなる。

②時間的に余裕があればパッキング（輪行の状態）してデッキに持っていく。手荷物料金と自転車（特殊手荷物）料金では金額に大きな差が出てくる。

③安全のため、車よりも先に自転車が乗船することになるため、本数の多い路線では車が動き出すと出港前でも自転車を乗せてくれないことがあるので注意（私は東京湾フェリーでこういった事態に遭遇したが、出発まで5分ほどの時間があったので急いでパッキングして輪行し、無事乗船することができた）。

④すぐ着くからといって船倉にいると、排気ガスで頭が痛くなるのでデッキに上がる。

バス輪行の注意点

高速バスが誕生したころはよく利用したものだが、２０１３年の高速バスの制度改正によって自転車を載せられなくなってしまった（一部のバス会社で輪行可能なところもあるが、条件がある）。その主たる理由は、座席下のデッキには収納の限界があるのと、振動による破損を恐れた補償の回避によるものらしい。

路線バスは、車内が混雑していなければ、運転士の判断で輪行袋を持ち込めることが多いようだ。また、空港のリムジンバスは会社によって対応が異なるが、空港をはさむ都市間で利用すると、意外と広範囲をカバーすることができる。

新幹線か飛行機か

――「しまなみ海道を走りたい」と思ったとき、あなたは尾道まで飛行機を使うだろうか、それとも新幹線で行くだろうか。

東京から大阪に行くのなら、大半の人は新幹線を選ぶだろう。鹿児島なら躊躇せずに飛行機のはずだ。となると、その間に位置する広島や博多に行く場合はどちらを選ぶのか。これは迷うところである。

時間さえ自由になるのなら、たとえ鹿児島でも自転車で行くのがサイクリストなのだから、どちらが正解ということはこの問いにはない。だから多くのサイクリストは、持ち時間しだいと答える。

一般的に、移動に新幹線を使うか飛行機を使うかは、4時間を境にして分かれるようである。いわゆる4時間の壁というやつで、新幹線での所要時間4時間を境に、それより短かければ新幹線、長ければ飛行機を選択する人が多いということだ。

飛行機だと搭乗に時間を要するが、新幹線なら1分前でも乗車可能である。それに加えて都市の郊外に位置する空港は、中心部との往来にも時間がかかるから、それらの所要時間も含めれば、似たような時間になってくるのが4時間というわけだ。

4時間ということは、東京を起点に西は岡山から広島あたりが分岐点となり、北は東北全域をカバーして函館まで伸びることになる。

以上は一般の人の場合だが、自転車での輪行ということになると、4時間がもう少し伸びる傾向になる。前述のように飛行機輪行の手間と危険性を考えると、新幹線のほうが安心して運べるからだ。

移動にはつねに自転車がセットとなっている私は、博多でも新幹線で行く。

おすすめの輪行・自転車旅

読者のみなさんにおすすめしたい輪行プランを何種類か紹介しよう。

輪行のプランはいくらでも思い浮かぶが、ここではサイクリストの人気や鉄道などの環境、日程などを考慮して四つのパターンをあげてみることにする。

プランA・しまなみ海道

サイクリストのあこがれは、東のつくばりんりんロード（茨城県土浦市—桜川市）、西のメイプル耶馬《やば》サイクリングロード（大分県中津市）といわれていたが、しまなみ海道が開通してからというもの、こちらがサイクリストにかぎらずだれもが恋い焦がれるルートになった。その不動の地位は、島伝いに沖縄まで自転車で行けるようにでもならないかぎり、揺らぐことはないだろう。

私の地元だけに、これまで50回以上走り、コースのよさを隅から隅まで知っているつもりのつくばりんりんロードといえども、しまなみ海道の貫禄にはもはや太刀打ちできない。

私のホームグラウンド・つくばりんりんロードの筑波駅付近。1987年に廃線となった筑波鉄道の跡地を利用しているので、起伏やカーブが少なくとても走りやすい。なぜか懐かしさを感じさせる景色がつづく　2016年4月

さて、そのしまなみ海道の全行程は約70㎞。最寄りの駅となるのはJR山陽本線の尾道駅とJR予讃線の今治駅だ。

したがってこのルートを走りたいと思ったら、一般的には、①尾道まで輪行し、②今治まで走って、③再び輪行して岡山経由で帰宅する、という行程が考えられる。

いささか非現実的な日程ではあるが、忙しい人が1日の休みしか取れない場合を想定して、日帰りプランを組んでみよう（東京発。2016年6月1日現在のJR時刻表による）。

《行き》

6：00	東京発	新幹線のぞみ1号（始発）
9：26	福山着	JR山陽本線乗り換え
9：38	福山発	
9：57	尾道着	

《帰り》

18：13	今治発	特急しおかぜ28号
20：11	岡山着	東海道・山陽新幹線乗り換え
20：36	岡山発	新幹線のぞみ64号（最終）
23：45	東京着	

東京発の始発と、岡山発の最終の新幹線を利用することにしているが、尾道に到着してから今治を出発するまで約8時間の時間をつくることができる。つまり8時間でしまなみ海道を走り抜けられれば、日帰りでも東京にも

しまなみ海道から少しはずれて小休止。島々が見渡せる風景は、自転車旅にふさわしい。大島・江越峠付近　２００８年７月

どれるというわけだ。

距離70㎞とは、ゆっくり走って4時間コースだから、十分に可能な距離であり、慣れたサイクリストなら、さらに4時間もの寄り道を楽しむゆとりもある。

しまなみ海道を走りたいという愛好家はじつに多く、初心者サイクリストの最終目標といっても過言ではない。そのため休日ともなると日本中から自転車愛好家が押し寄せるので、尾道駅周辺にはレンタサイクルが豊富にそろっている。しかも随所で乗り捨て可能なシステムなので、もういいやと思えばどこでも中断することができる。

ただ、どうしても自分の自転車で走りたいのであれば、尾道までと今治からを輪行して移動しなければならない。

ここで注意したいのは、レンタサイクルならその場で放棄して、バスで尾道まで帰る（あるいは今治に向かう）ことはできるが、自分の自転車だと、バスは必ず自転車を積んでくれるとは限らないので（自転車の積載は前日までに予約が必要などの条件がある）、尾道、あるいは今治に到着できるか不確定なことである。

抜けていくおもな島は、広島側から順に、向島《むかいしま》、因島《いんのしま》、生口島《いくちじま》、大三島《おおみしま》、伯方島《はかたじま》、大島《おおしま》で、それらを順繰りにめぐって四国上陸となる。

しまなみ海道は全線にわたって島々を渡る橋の下か、その側道を自転車が通過できるように設計されている。

ただしそもそもが高速道路なので、道交法上高速道路を走れない自転車は、島に上がるや橋から逸れて、一般道へと弾き飛ばされることになる。つまり島の中は一般道を走るしかない、ということだ。

島に入ったときにおすすめしたいのは、サイクリストが島を走る原則に則り、島旅の情緒をより味わえるローカルルートを選択すること。具体的には主要道を避けるということだ。

そのうえでさらに景色がより眼前に開けてくる時計回りが選択できれば申し分ない。南下ルートならば躊躇なく、東側から回る道を選びたい。

なお70kmというのは一直線に走り抜けたときの距離、すなわち主要道を使った最短距離である。いま述べたようなルートをたどったり、島の最高峰に上ったりと寄り道すれば、軽く100kmは超えると考えておきたい。

プランB
越前海岸・東尋坊巡り

北陸新幹線が金沢まで伸びたおかげで、東尋坊《とうじんぼう》が日帰りの射程圏内に入った。旅情的には能登半島をすすめたいところだが、奥行きがあるので日帰りとはいかない。

地図で見るとわかるが、なだらかな砂州のような海岸が伸びる加賀の国から一転、越前に入ると猛々しい断崖の海岸がつづく複雑な地形となる。海の近くを走っていた北陸本線が、福井県に入ると内陸に回避するというだけでもその地形を想像するのは簡単だ。

そして旅の中核をなすポイント、東尋坊が登場する。

東尋坊といえば、激しい波があたって砕ける様子が思い浮かぶが、これは冬場の北西風が強いときのこと。夏は太平洋より穏やかな日本海だ。ゆえに吹雪にさらされないかぎり東尋坊の荒波を実感することはむずかしく、冬に弱い自転車旅で本来のこの雄姿を見届けるのはつらいが、夏場でもその迫力の一端は堪能することができる。

タイムテーブルは次のようになる（名古屋、米原経由で芦原温泉に行くルートも考えられるが、ここでは北陸新幹線を利用することにする）。

《行き》

6：28　東京発　新幹線はくたか551号

9：35　金沢着　JR北陸本線乗り換え

9：48　金沢発　特急しらさぎ6号

10：24　芦原温泉着

《帰り》

21：44　米原発　新幹線こだま694号

22：08　名古屋着　東海道・山陽新幹線乗り換え

22：12　名古屋発　新幹線のぞみ64号（最終）

23：45　東京着

東京着を最終の新幹線に設定すると、米原発は21：44でいいことになる。夏場であれば19：30ころまでは明るいのでその時間を目標にすると、約9時間の持ち時間。この時間内

海あり山ありだけでなく、歴史的にも文学的にも魅力的な佐渡島の風景。外海府(そとかいふ)海岸付近　1995年9月

で芦原温泉―米原間を走り抜ければいい。予定どおり到着したら約2時間の空き時間があるから、かなりゆっくりできる。時間に余裕があるというのは、何よりも精神的にゆとりが持てる。もちろん、絶対に最終の新幹線に乗らなければならないということはない。もっと早い便で帰ってきてもいい。

なお、金沢から走ると200km近くになるので、日帰りではきびしくなる。また、ここで紹介したルートとは逆になるが、島をめぐるセオリーにしたがって北上ルートを取れば、より迫力のある景色が味わえる。

プランC・佐渡島一周

一周約200km。中央部の両津か相川に宿を確保できれば、2日で一周できる。しかし新潟から船になるので、東京から行く場合アクセスだけで1日がかりになってしまい、往復の時間を考えると4日はほしくなる。

島を走るとき、サイクリストがどうしても天秤にかけてしまうのが、運賃と走行できる距離のバランスだ。

コストに見合った分だけ走る楽しみがないと、島に行く気力がわかない。旅心からいえば、離島のより小さな島が充実感を与えてくれるのだから、この二つはどうしても相いれない反比例の関係になる。むずかしいところだ。

その点佐渡島は、納得がいくまで走れるだけの面積があるし、歴史、文学、自然、地理と申し分ない要素をふんだんに持っている。

まずは、歴史上の人物が政治犯として多数流されている。その足跡を追うだけでも楽しい旅になるし、『夕鶴』の木下順二もこの地ゆかりの人物だ。

〝金を中心とする佐渡鉱山の遺産群〟として、ユネスコの世界遺産暫定リストに記載されている佐渡金銀山は、南米に金鉱が見つかるまで世界最大級の採掘量を誇っていたし、数少ない日本の離島にそびえる千メートル峰の存在も見逃せない。

残念なことに地政学的にも重要な位置を占めるがゆえに、自衛隊の基地になってしまってはいるが、その山道への風景といい存在感といい、金北山《きんぽくさん》（１１７２ｍ）は絶対に訪れたい。

東尋坊と同じくこちらも日本海なので冬は無理。新緑から紅葉までの穏やかなときに一周の旅に出よう。

東京方面からだと新潟までは新幹線。駅からフェリー乗り場まで１km以上あり、移動が少々つらいのが難点。

プランD・富士五湖周遊

しまなみ海道にはあこがれるが、日帰りにはあまりにも遠すぎるという関東の方向けに、もう少し現実的な輪行プランを考えてみよう。

都心から近く、圧倒的な人気を誇るのが富士山周辺。ここに点在する富士五湖を走ってみたいと夢見る人はとても多い。

なにしろ日本の誇る世界屈指の秀麗な山のふもとにたたずむ静かな湖面群である。しかもあたり一帯は世界遺産、走りたくなるのも自然の道理だ。

そこで輪行が活躍する。このときの最寄り駅は、富士急行線の河口湖駅か富士山駅（旧

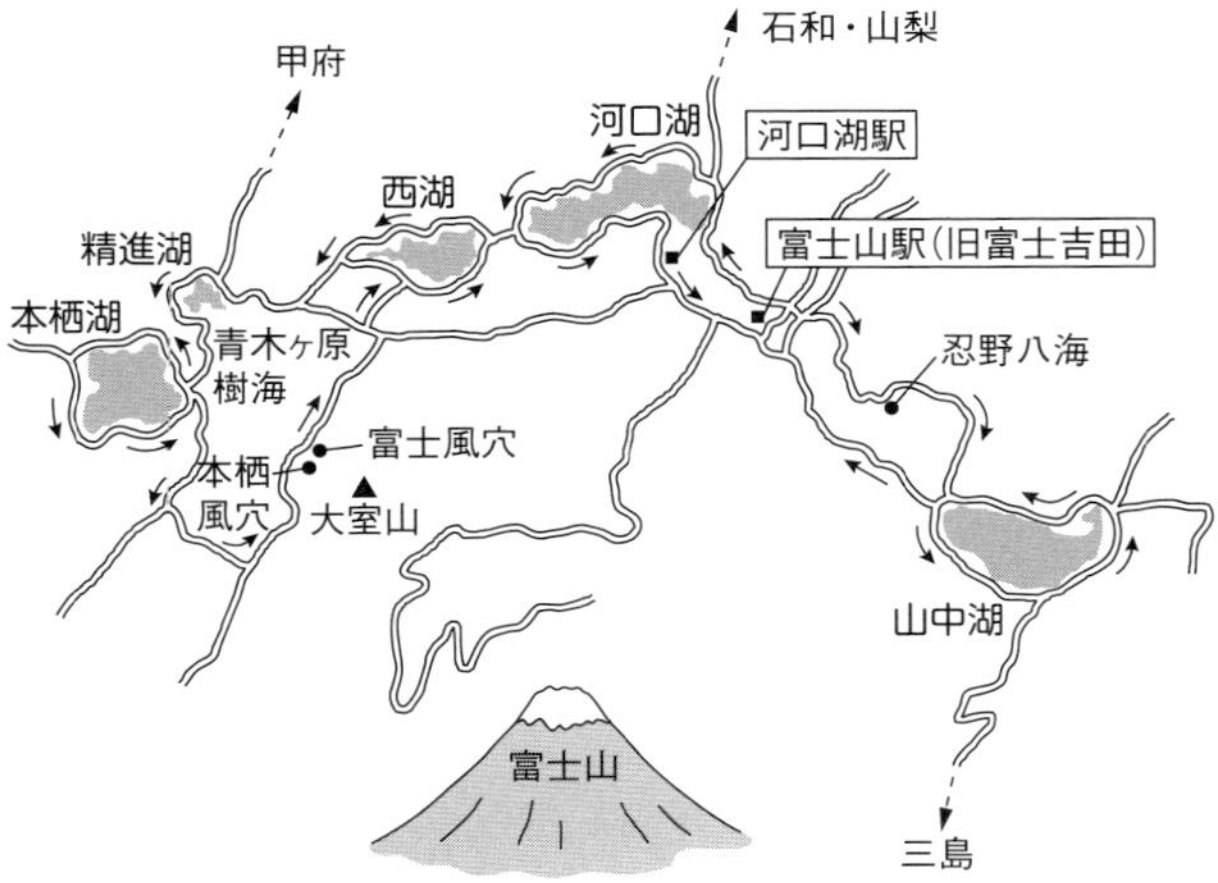

富士五湖周遊コース
都内のサイクリストに人気のコース。輪行がしやすく、エスケープルートもつくりやすい。富士山に見守られつつ、アップダウンの少ない魅力的なコース

富士吉田駅）。

　富士急行線への乗り換えが面倒ならばJR大月駅になるが、距離約30㎞、標高差約500mをクリアしての現地入りは、慣れたサイクリストでも少しばかりつらいし、都留《つる》市を抜けるまでの交通量もいささかうっとうしい。

　富士五湖コースは周回ルートだから、どちら回りでも構わないが、体力のバランスを考えると、標高差の大きい、ひとつだけ東に外れた山中湖を先に周回してからもどって、河口湖、西湖《さいこ》、精進湖《しょうじんこ》、本栖湖《もとすこ》をめぐり、富士急行線の駅に帰ったほうが完走しやすい。

　バリエーションルートとして、富士急行沿線にはもどらず、河口湖から御坂峠（1520m）を越えての石和《いさわ》下りや、精進湖から旧上九一色《かみくいしき》村を経ての甲府行きも楽しい。もちろん山中湖をラストにしての籠坂《かごさか》峠（1104m）越え・御殿場下り・三島行きもいい。

　このルートは、なんといっても三島から東京まで新幹線で1時間という近さ、および最終が22：21で東京駅着23：16という利便性がいい。これなら東京駅から帰宅する各方面への移動にも、時間的余裕がたっぷりある。

　山中湖から、峠というよりもちょっとした長い坂でしかない籠坂峠を越えるや、三島まで全線にわたっての標高差1000mを超える豪快なダウンヒルが、上り返しなしに待っているから、疲弊した足でも難なく突破できる。

小田急沿線ならば三島ではなく、国道246号を東に下って新松田からの輪行という手もある。御殿場が黄瀬川《きせ》と酒匂川《さかわ》の分水嶺に位置するので、どちらに向かっても下るのみの道なのがうれしい。

このほか、富士山をぐるりと回る周回ルートも健脚家には不動の人気を誇っている。距離と地形からかなりハードだが、エスケープルートが豊富なので挑戦してみる価値はある。

◉輪行しないで考えると……

東京から大月まで約80㎞。たどり着くだけで4時間がかりになるから、単純に考えればそれだけでも1日の行程である。そして目的のコースである富士五湖周遊に1日、帰りにまた1日かかるから、都合3日がかりのプランになる。

東京—大月間の道中にも、だんだん簡素化していく都市とじわじわと広がっていく田園など楽しい風景はいくらでもある。しかし殺人的交通量の甲州街道は、サイクリストにとって「また走りたい」道だとはいいがたい。

そんな道など走りたくない、そう思ったときも輪行の出番である。先ほど述べたように、JRだけなら大月駅まで、富士急行線利用ならば河口湖駅か富士山駅までの道を鉄道にゆだねれば、サイクリストにとってもっとも嫌われる都市部を走らずにすむ。

そして自転車を組み立てて、走る。

東京から約2時間半の移動で、そこは青い空とさわやかな緑に包まれた別天地だ。

第4章

プランを立てる

自転車旅を充実させるテーマ

自分なりのテーマを持って走ると、旅はより一層味わい深いものになる。

ふつうの「旅行」がなんとなく「旅」に思えてくる要素、というものがある。そのもっとも大きなものが時間だ。自宅を出てから帰り着くまで半日であれば、旅というイメージには乏しいが、1年となると旅行という雰囲気ではなくなってくる。

とはいえ、一般的にはそこまで長期の休みを取るのはむずかしいだろう。そこで、旅心をかき立ててくれそうないくつかのテーマを紹介することにする。

❶島

離島は旅の絵になる。

ただし本土から橋で結ばれると、簡単に行けてしまうがゆえにその趣は激減する。島民にしてみれば橋の開通で生活が飛躍的に便利になるのだから、旅人とはいかに身勝手な印象を抱くのかというい い例かもしれない。

しかし、ここは最初の目的どおり旅を主題にしよう。

そうすると、飛行機で行ける島もちょっと興ざめだし、たとえ船を使ったにしても対岸から見える距離だと魅力半減だ。

つまり行きにくい島ほど、旅心は高まってくるということになる。

八丈島《はちじょうじま》より青ヶ島、奄美大島《あまみおおしま》より加計呂麻島《かけろまじま》、淡路島より小豆島《しょうどしま》のほうが旅というイメージにマッチすると思うのは私だけではあるまい。

　また、小説の舞台になった島、日本史に登場するような島を訪ねると自転車旅はより充実してくる。そして欲をいえば、それらがいくつかからまり合ってくるところ。こうなると最高だ。

海も空も歴史も食べ物も、すべてが旅人を引きつけてやまない沖縄。伊計島(いけいじま)の海に通じる道にて　1997年2月

　太平洋戦争では欠かすことのできない史実だけに、沖縄本島ははずせない。

　先ほど登場した奄美大島もいい。奄美単独では南の島の一周サイクリングで終わってしまいかねないが、西郷隆盛が潜居《せんきょ》させられているし、ここに加計呂麻島や俊寛ゆかりの喜界島《きかいじま》を組み合わせたら、情緒は一気に増してくる。

　青春期にはだれもが一度は読むであろう『潮騒』(三島由紀夫)の神島《かみしま》もいい。ファンの方々は上陸しただけで熱くなることだろう。

　ほかには壱岐《いき》・対馬《つしま》。飛行機で行けるからランク下げ、といいたいところだが、それ以上の歴史がある。元・高麗連合軍だけでなく刀伊《とい》にも占領されて何度となく全滅の憂き目にあったという悲惨な歴史。

　このような学校の授業では教わらないような大陸からの侵略についても島旅は教えてくれる。

暮坂峠越えのルートには若山牧水の歌碑が点在している。写真奥の石碑には、大正10年10月20日に牧水が旅したときの地元の学校の様子が「大岩村にて」として刻まれている　2004年7月

❷峠

「峠」はこれまでの人生経験のピークや、活動が上り坂から下り坂にさしかかる過渡期の表現として大いに利用される。そのせいか、実際に大きな峠にさしかかると、旅としての雰囲気にじわりと包まれてくる。

数ある峠の中で、もっとも旅というものを実感させられるのは野麦峠だろうか。なんといってもその発音が旅情をかき立てる。山本茂実の『あゝ野麦峠』というノンフィクションは映画にもなった。

明治から大正にかけての時代、飛騨のまずしい農家の少女たちが、女工として諏訪に出るときにこの峠を通過していった。

主人公はその中で一番の成績を残すが、過労のために結核になり、やがて死ぬ。そのときに兄に背負われて越える峠と、そこから見える乗鞍《のりくら》との描写が痛々しい。

私もよく参加する日本最大のヒルクライムイベント・マウンテンサイクリングin乗鞍。

この会場のすぐそばだから、参加したら1日の余裕をつくって、なんとしてでも越えてほしい。自転車レース参加者も、そのときだけは一瞬にして自転車旅人に変身するだろう。

歌碑や道祖神も峠にはつきものの風物詩である。汗を流し、息も絶え絶えにたどり着いた峠で迎え入れてくれる碑文には、作者の心境にわが身が重なってくるし、道祖神の笑顔や静かにうつむく地蔵尊には、昔日の人々の悲喜が渦巻いている。

群馬県の暮坂峠《くれさか》（1088m）に建つ漂泊の詩人若山牧水の碑を出すまでもなく、いかなる峠であろうとも、そこに着いたときは自然に旅の世界に引きずり込まれてしまう。

❸歴史

自転車旅にかぎらず、その旅をいかに充実させられるかに歴史は大いに絡んでくる。

国道15号線を南下すると、横浜市鶴見区に生麦事件の碑がある。

日本史で習い、だれもが知っている幕末の一大事件だから説明するまでもないが、これは大名行列がいかなるものかを知らなかった開国時のイギリス人が、有力大名である島津家の行列に騎乗のまま乗り込んでしまい、怒りに触れた家臣によって殺傷された事件である。

事件はこの後、薩英戦争に発展するが、イギリスは薩摩と戦ったことでその実力を評価し、友好関係を深めていくのだから皮肉なものだ。

それはともかく、その史実を知っているかどうかで、この碑石のかたわらを通過したときの旅情はまるでちがったものになってくる。

知らなければこの看板と碑はいったい何なのだろう、で終わって通過してしまうが、聞いたことがあれば、その地に立つや一瞬にして１５０年の昔へ思いは飛び、当時の情景がふつふつと蘇ってくる。

想像力豊かな人なら、何が起こったのかわからないままに客死することになった、英国商人の断末魔の声が聞こえてくるかもしれない。

正月になるたびに全国民が釘づけにされる箱根駅伝では、鶴見中継所の近くでこの碑の前を通過する。その華やかさの一部を少しでも味わいたいと、この国道15号線、通称第一京浜を走るサイクリストもいるはずだ。

済州島の各地で見られるトルハルバン。石像で、島の象徴であり守護神であるといわれている。西帰浦付近　1997年9月

そのときに道端にたたずむ、歴史を語りつぐ石碑。できるだけ多くの活字に触れておき、自転車旅をより充実したものにしたいものだ。

もっとも史実には、加害者と被害者が存在するため、内容によっては妙に殺伐としてしまうので注意しよう。

韓国の済州島一周を計画したときは、済州島四・三事件をひととおり調べてから向かったが、そのことを現地でたずねるのははばかれたし石碑もなかった。

私の生まれる前のできごとだから、私にしてみれば純然たる歴史としてとらえられても、当時すでに生きており、その現場に接した経験をもつ高齢者にとっては、思い出したくもない陰惨な事件なのである。

いかなる現代史も、いずれは歴史となるときがくるが、その悲惨さを知る人がまだ生きているうちは、無条件ではすすめられない。人の感情とはむずかしいものだ。

◎読む歴史書

世界一周第1ラウンドのときは、当時出版されていた文庫版の歴史書を持って行った。走りはじめとなった北米、南米の歴史を、スペイン人の征服から第一次世界大戦まで描いた、読む歴史書である。

おかげで歴史的な通過地点では、物思いにふける機会を十分に持てた。悔しかったのは北米も南米も広すぎて、コースから外れると行きたくても自転車では思うようにアクセスできなかったことだ。

新大陸を走り終えてヨーロッパに入ったときは、姉から現代教養文庫の世界の歴史『中世ヨーロッパ』や世界史図表などを送ってもらい、旅の友とした。何度となく読み返していたので、というかそれしか読むものがなかったからだが、地元民より歴史について詳しくなってしまい、うす気味悪がられたのを覚えている。

❹文学

かつて読んだことがあり、感動した舞台に立ったときもまた、なんの変哲もなかった移動が旅へと変化する。

日本国中、文学の舞台にならなかったところはないのではないか。ただの片田舎にすぎない私の出身地（茨城県稲敷市）でも、藤沢周平の『決闘の辻』の舞台になったし、海音寺潮五郎の『平将門』でも身近な地名が随所に出てくる。

活字嫌いの人であっても、学校の教科書などでずいぶんと地名には触れてきたはずだ。その地名が旅先で目の前に現れたとき、なんとなく懐かしい思いがこみ上げてくるのはたしかだ。

旅情にあふれるといえば紀行文。その代表が漂泊の人、松尾芭蕉の作品集だろう。彼の文章はいまもなお日本人の心に深く息づき、その俳句集は旅人の心情をいやでもかき立てる。芭蕉の句なら、だれでもひとつや二つ知っているはずだ。

『土佐日記』は、当時土佐の国司だった紀貫之が任期を終えて帰京するまでの道中記だが、この距離に55日もかけているあたりに、当時の交通事情と国司の権威が読み取れる。その

ホテルの部屋にて地ビールで乾杯。ベトナムビールのバーバーバー(右)とゾロック(左)、シンガポールを中心に東南アジアで飲まれているタイガービール(中)

思いを胸に走ると、平安時代の空気が千年以上の空間をものともせずに、どこでもドアのごとく現れるから不思議だ。

そのほか、有名なところでは司馬遼太郎のその名もずばり「街道をゆく」シリーズがある。旅情というよりは向かう先の事前資料というべき内容で、日本国内はほぼ全域、海外も一部カバーしているから下調べにはもってこいだ。43巻（文庫のシリーズ）と非常に長いが、それぞれ完結しているので目的の巻のみ開くだけでいい。

❺酒などの地元ブランド

旅情をより深く味わうのであれば単独行が基本だが、味が絡んでくるときだけはグループのほうが旅に厚みがでる。

やっとたどりついた地で飲む地酒には、日本酒党でなくても旅を満喫させるものがある。ブランド名が地名を連想させればなおさらだ。八海山、越乃寒梅の新潟、真澄の長野、浦霞の宮城、美少年の熊本、剣菱の兵庫など、例を上げたらきりがない。

ただ残念なことに私はビール党なので、舌が地酒のよさを吟味できないのが残念だ。ただし世界中のビールなら少しは評論できる。

オールマイティーのオランダブランド・ハイネケン、これぞベストのビール環境、メキシコのボヘミヤ、温泉帰りだからうまいとしか思えないペルーのクスケーニャ、昼間からほろ酔い天国のブラジル・アンタルティカなどなど。このちがいだけは、十分に堪能してきた自信がある。

プランの立て方

1日の移動距離を無理なく設定し、テーマ、時間、費用を合わせて決めていく。

自転車旅のプランをどのように立てたらいいのか。ここでは「旧東海道を自転車で走破する」という思いつきをプラン化する過程を、具体的に追ってみることにする。

❶テーマ・行き先を決める

東海道五十三次をたどる旅。

関東、東海、関西方面に住む、1日100km走行が自在にできるようになったサイクリストなら、だれもが一度は夢みるのがこの旧東海道サイクリングだ。

ただ単に東京—京都間を走るだけでも堂々たる旅になるが、これは主として体力まかせの若年層がいだく目標だろう。自分の体力相応ののんびりした自転車旅を望む人々は、国道1号線をがむしゃらに走るのではなく、いにしえの人々の匂いがいまも息づく旧東海道の雰囲気を味わいながら移動したくなる。

昨今の町おこし運動の流れからか、かつて繁栄した宿場町が旧街道の復元に力を入れ出した。そのおかげで、多くの宿場町が再現しつつある。

そんな宿場をひとつずつたどっていき、江戸期、戦国期、室町期の人々が、どんな思いで移動していったのかを想像したくなるのは、なにも一部の歴史好きだけとはかぎらないだろう。

東海道をはじめ五街道（中山道、甲州街道、日光街道、奥州街道）は日本橋を起点にしている（169頁の図参照）。

そこで、東京・日本橋から京都・三条大橋まで、自転車で旧宿場町を忠実に結びながら東海道五十三次をたどってみることにしよう（街道を行くときは、距離を○里○町と表現すると楽しい）。

❷所要日数を算出する

さて、行き先とテーマは決まった。次に決めたいのは所要時間だ。

あちこち見学しつつ移動する自転車旅の行程は、1日100㎞が限度である。目的地での訪問先はいくらでも増えてくるから、これより長くすると後ろ髪をひかれる思いで振りきらなくてはならず、それでは旅の目的を果たせない。

資料館や旧家があれば入ってみたくなるし、去る前にもうひと往復と、宿場を離れるときには名残惜しさも感じることだろう。

それ以前に、目的の対象物が通りすがりに必ず見つかるとはかぎらない。そうなれば、復元された宿場の中で行ったり来たりすることになる。

そんなことを考えると、地図上での移動距離は1日せいぜい70㎞、場合によっては50㎞止まりもありえると考えたほうがいい。

京都まで約500㎞、回り道を考慮して2割増しとすれば600㎞。1日70㎞ペースなら、その全行程は8日から9日。じっくり味わいたかったら、日数はいくらでも増えていく。かくしての五十三次自転車のんびり旅には、8日から10日ぐらい欲しくなってくる。

❸所要日数を捻出する

つづく問題は、それだけの日数（時間）をいかにしてつくり出すかということだ。10日もの休みがいつでも自由になる人なら1回で終わらせることができる。年末年始やゴールデンウイークに10連休が取れるというサラリーマンも一発完了が可能だ。

しかし人が一斉に動くこの季節は、混雑するうえにコストも跳ね上がれば、宿をとること自体も困難になりがちだ。一発完了を求めるのなら、やはりシーズンオフにかぎる。客足がとだえ、受け入れる側の心にゆとりが持てるようになったときが、サービスの向上するチャンスでもある。

しかし自由に休みが取れるのは、ごく一部の特別な人か退職された人ぐらいだろう。ふつうの人はオーソドックスに、週休を繰り返してのコマ切れ旅で完走を求めることになる。したがって、何度かの鉄道輪行もしなくてはならない。ここではコマ切れ旅を前提に、現代版弥次さん喜多さんになりきってみよう。

❹必要なものをそろえる

テーマによっては必要になる準備品というものがある。ここでは宿場の載っている2万5千分の1の地図がこれに該当する。まずはこの地図を手に入れよう。

かつて読者から、宿場町をたどりたかったら5万分の1の地図より2万5千分の1のほうがいいとご指摘を受けたことがある。

それまでこの縮尺の地図にはあまり縁がなかった。ふだんよりも密度の濃い一極集中の走りが求められたり、山に登ったりするときに利用したぐらいだ。

しかも2万5千分の1は4枚集めなければ5万分の1の地図1枚をカバーできない。だから経済的負担も絡めば、かさばりもする。5万分の1で十分に満足するのであれば、あえて2万5千分の1にする必要はないが、5万分の1にはない情報が使えるということで、ここではじっくり訪ねたい宿場の載っている分だけ準備することにする。

❺シミュレーションする

早朝に日本橋を出て、品川、川崎、神奈川、程ヶ谷（保土ヶ谷）、戸塚、藤沢と進み、初日の宿は平塚あたりとなる（日本橋から約65㎞）。ここまで来るのなら、途中で鎌倉も観光したくなるところだが、そうすると平塚は遠くなっていく。でも旅とはそういうものだから、そのときはそのときだが……。

さて、平塚に着いた。ここで日が暮れ、明日も休める（連休）なら宿に泊まるもよし、輪行して家に帰り、翌朝輪行して平塚からスタートしてもよし。1日しか動けないのなら、輪行して帰宅しなければならない。そして、次回は改めて平塚まで輪行して走りはじめ、大磯、小田原とひとつずつコマを進めていくことになる。

ここで立ちはだかるのが箱根の嶮《けん》だ。目の前に東海道最大の難所、８００ｍを越える峠が登場する。

さすがにひとまたぎに突破、とはいかない。乗りきるだけでも2時間はかかり、見どころも多いから、小田原―箱根間だけでも半日はみておきたい。

そして芦ノ湖着。いまの時代でさえ薄暗いのだから、うっそうとした湖畔の杉並木からは、昔の人の箱根に対する思いがひしひしと伝わってくる。峠の雰囲気はいやがおうでも身に染みこんでくるというものだ。

東海道五十三次と10日で走る場合の例

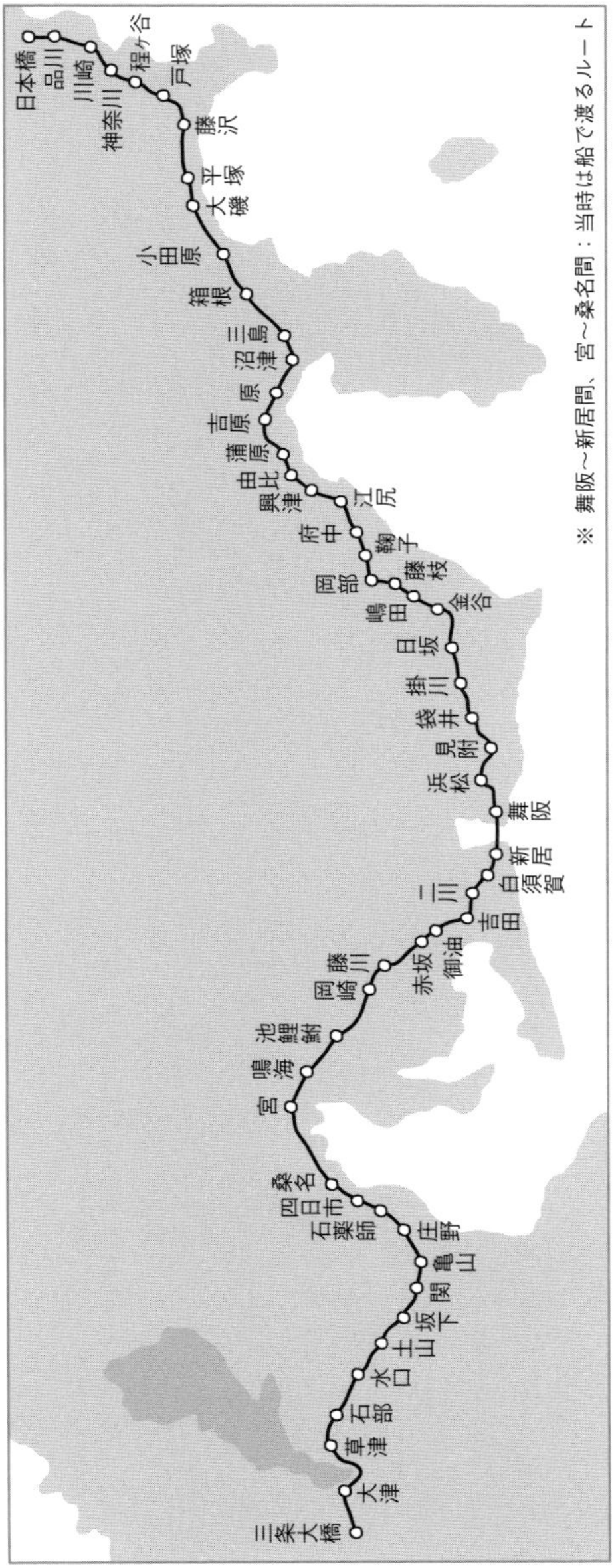

→◎日本橋（五十三次の起点）
約65km
→◎平塚（五十三次7番目の宿場）
約54km
→◎三島（五十三次11番目の宿場）
約52km
→◎江尻（五十三次18番目の宿場）
約60km
→◎掛川（五十三次26番目の宿場）
約54km
→◎白須賀（五十三次32番目の宿場）
約47km
→◎岡崎（五十三次38番目の宿場）
約60km
→◎桑名（五十三次42番目の宿場）
約43km
→◎関（五十三次47番目の宿場）
約51km
→◎草津（五十三次52番目の宿場）
約26km
→◎三条大橋（五十三次の西の起点）

※ 距離は実際に走ったところは距離計の数字を、そうでないところは地図を参考に算出（小数点以下四捨五入）

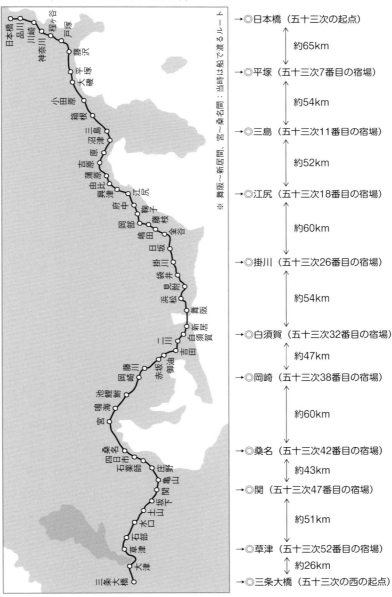

峠を越えて、さて下りだ。歩きとちがって自転車の下りは速い。つい通り過ぎてしまってから、見たかったのにと悔やんでも、もどる気すら失ってしまうのが自転車の特徴である。

小田原に本城を置いた北条氏の西の防衛を担った山中城（址）と、最近とみに話題を集める三島大吊橋の2か所だけは、うっかり通過を避けたい。

その上りとともに下りもまた見どころ満載の箱根往還も、西日にきらめく駿河湾が迫ってくると、いよいよ三島も近い。江戸時代の侍も馬子も商人も、この風景を眺めてきたのかと感傷に浸りながら、この日はそこまでの三島入りとなる。

翌日も休みが取れるのであれば宿泊して、沼津、原、吉原と結んでいくことになるが、そうでなければ新幹線で帰宅となる。

こうして自分の休みに合わせて、ペースを守りながらの自転車旅を数回繰り返せば、いずれ京都にたどりつくことができる（土日の休みを利用してのコマ切れ旅の例は21頁参照）。

五十三次ルートは新幹線ルートと一致しない。名古屋からは東海道本線からもはずれて関西本線の領域になる。したがって、輪行する場合新幹線は使えず、少々煩わしくなるが名古屋で乗り換えることになる。それでも草津が見えてくれば東海道本線だから、あとは楽だ。そして瀬田川を通過して大津に至る。

山科の峠を越えたとき、そこには大いなる感動が待っていることだろう。

❻費用を考える

当然のことながら、遠くなるにつれて往復の新幹線料金は懐具合にずんと響いてくる。

そこでなるべく連休を利用することになる。輪行で往復に要する時間も馬鹿にならないから、距離とともに連休を利用したほうが、効率よく旅を進められるのはいうまでもない。

1日ずつのコマ切れ旅に対して、土日の連休が使えれば輪行の回数は半分ですむから交通費は半減できる。3連休が使えればもっと安くなる。もちろんホテル代はかかるが、名古屋往復よりはだんぜん安いし時間も節約できる。

仮に土日連休の5回で旅が終わるとすれば（21頁参照）、ざっと見積もって交通費のみで約9万円。チェーン展開しているシティーホテル泊りで3万円（6000円×5泊）の計12万円といったところだろうか。これに食事代などが加わることになる。

条件の優先順位

先ほども述べたように、プランを組むときは、①テーマ・行き先の選択、②所要時間とその確保、③費用を柱として考えるが、これらの条件の重要度は人によってちがうだろうから、何を優先するかは各自が決めることになる。

ここでは、まず①を東海道五十三次自転車のんびり旅と決め、②の所要時間を定めた。そして最後に③のかかる費用を計算した。

一般的な社会人なら、動ける日数が最優先されるかもしれない。たとえば、次の3連休を使って「どこかに行きたい」→「では、○○にしよう」→「すると、かかる費用は□□」という順序になる。

コスト最優先なら、行きたい候補地の中からその費用で行ける場所を絞りこみ、時間（日数）も合わせて考えていくことになる。

グループ走行で注意したいこと

とにかく時間的余裕、精神的余裕が持てるように考え方をコントロールする。

私は、何ものにも束縛されないひとりで行く自転車旅が好きだが、仲間とともに行く旅には別の面白さがある。

複数で走る場合いちばん気にしなければいけないのは、なんといっても脱落者を出さないことだ。そのためには、次のことを肝に銘じなければならない。

・走るペースは体力の少ない人に合わせる
・経験者が先頭と最後尾を走る
・つねに余裕を確保し、残り時間から物ごとを考える
・ひとりのトラブルが全体の動きを停止させる
・引き返す勇気を持つ

インターバルの取り方

予定より1時間余分に休んでしまったので、次の1時間は時速40㎞で走って遅れを取りもどしましょうといっても、そんな芸当はプロの競輪選手でもできないのがサイクリングだ。

そこでどうするかというと、あらかじめつくっておいた予備の時間貯金を、トラブルごとに引き出しながら進む、ということになる。それができなければ、遅れた分だけ帰着も遅れることになる。

パンクや突然の雨などのトラブルに遭っても、予備時間を使いながら冷静に対処する　TRY360（62頁参照）にて　2004年7月

どういうことか、例をあげて説明しよう。

その日の走行距離と持ち時間は前もって決まっていて、かりにその持ち時間を8時間、移動距離を100kmとする。

時速20kmでの移動が基本だから、このとき移動距離に対する必要走行時間は5時間（休憩時間を含む）となる。すると探索にあてられるのは、持ち時間から5時間を引いた3時間となる。ところがその道程で、パンク修理のために30分かかってしまったとしたらどうなるだろうか。30分遅れました、だからその30分をとりもどすためにペダルを力強く踏んでください、とはいかない。

その対策のために予備時間をあらかじめ設けておく。つまり1日の行動は走行時間＋探索時間＋予備時間で構成されるということだ。ただし、これは「考え方」として頭の中にあることで、現実的な予備時間は探索時間から捻出していく。

この場合3時間の探索時間があるから、30分パンク修理で遅れたら、そこから30分を引く。これで残りの探索時間は2時間30分となる。

同様に、突然興味のある場所に遭遇して時間をかけたくなったら、その分だけ引いていく。そうやって探索時間を削りつつ、到着時間はずらさないという走り方が、サイクリングの基本になる。

それを怠ると、ゴール到着がだんだん遅れて、走りきったという余韻にひたることもできないままにあわてて輪行して終電で帰る、という事態になりかねない。

それと、もうひとつ考えておきたいのが出発時間の繰り上げだ。

時間があるというのは、最大の精神的余裕をもたらす。なるべく早い時間帯からの出発が心がけられれば、いかなるトラブルにも時間の余裕をもって臨むことができる。

ところが現代人はあまりにも朝に弱く、ペダルを踏み出すのも日が高くなってからになることが多い。出発時間が1時間遅れれば、到着時間も1時間遅れることを知っていながら、どうしてもスタートがずるずると遅れてしまうのだ。

朝はすがすがしい。天候も安定している。夏なら涼しい。

これほど走行環境が整っている時間帯はほかにない。

とにかく早朝出発に徹しよう。そのうえで欲をいえば、夏なら午前中でその日の全行程を片づけてしまうのが望ましい。朝6時にスタートできればお昼まで6時間。決して無理な日程ではないはずだ。

団体行動と故障

団体で行動しているときにだれかの自転車にトラブルが発生すると、全員の行動が停止に追い込まれる。ゴールの宿や駅がすぐ近くなら、先に行くこともあるかもしれないが、10㎞ぐらい残っていたら、十中八九その場で待つことになる。

トラブルはだれの自転車にも起こりえるが、もし初心者にトラブルが発生したら、修理はメカに詳しい上級者が代わってやることになる。

それが集団行動の暗黙のルールだから、ここまではいい。問題はトラブルとは無縁の同行者も、その修理が終わるまでその場にとどまっていなければならないということだ。修理がすんで再び出発となるわけだが、パンクなら再出発のときすでに30分近い時間をロスしている。ゴール間近だと時間貯金の余裕もないから、到着予定時刻もまた30分遅れる可能性大だ。

これが、その後も何回となく連れて行ってもらう立場の初心者には、大いなる精神的負担となる。

図々しい人なら、こっちは初心者なんだからそれぐらい世話をやくのは当たり前だと考えられるかもしれないが、「もう迷惑はかけられない、だから一緒の行動は辞退します」となってしまう人のほうがはるかに多い。

前者のような発想の持ち主とは2度と走りたくなくなるが、後者のような人はとことんまで面倒を見てあげたくなるのが人情というものだ。

エスケープルートを考える

万が一のときを想定して、つねにルート上の逃げ道を確保しておく必要がある。

エスケープルートとは、緊急時の逃げ道として確保しておくルートのことだ。

エスケープルートをつくる

①ショートカット
行く予定だったB、Cをカットして、AからDへ向かうコースをとる。日帰りの自転車旅で1時間以上もタイムロスすることはあまりないので、数日をかけて長距離を走るときに有効になる

②ルート割愛
Cに行くのをあきらめて、BからD、Eへと向かう。日帰り程度の短距離に向いている

③疲れたり時間が遅くなったとき、家まで走って帰るのをやめて、F駅から自宅最寄りのG駅まで輪行する

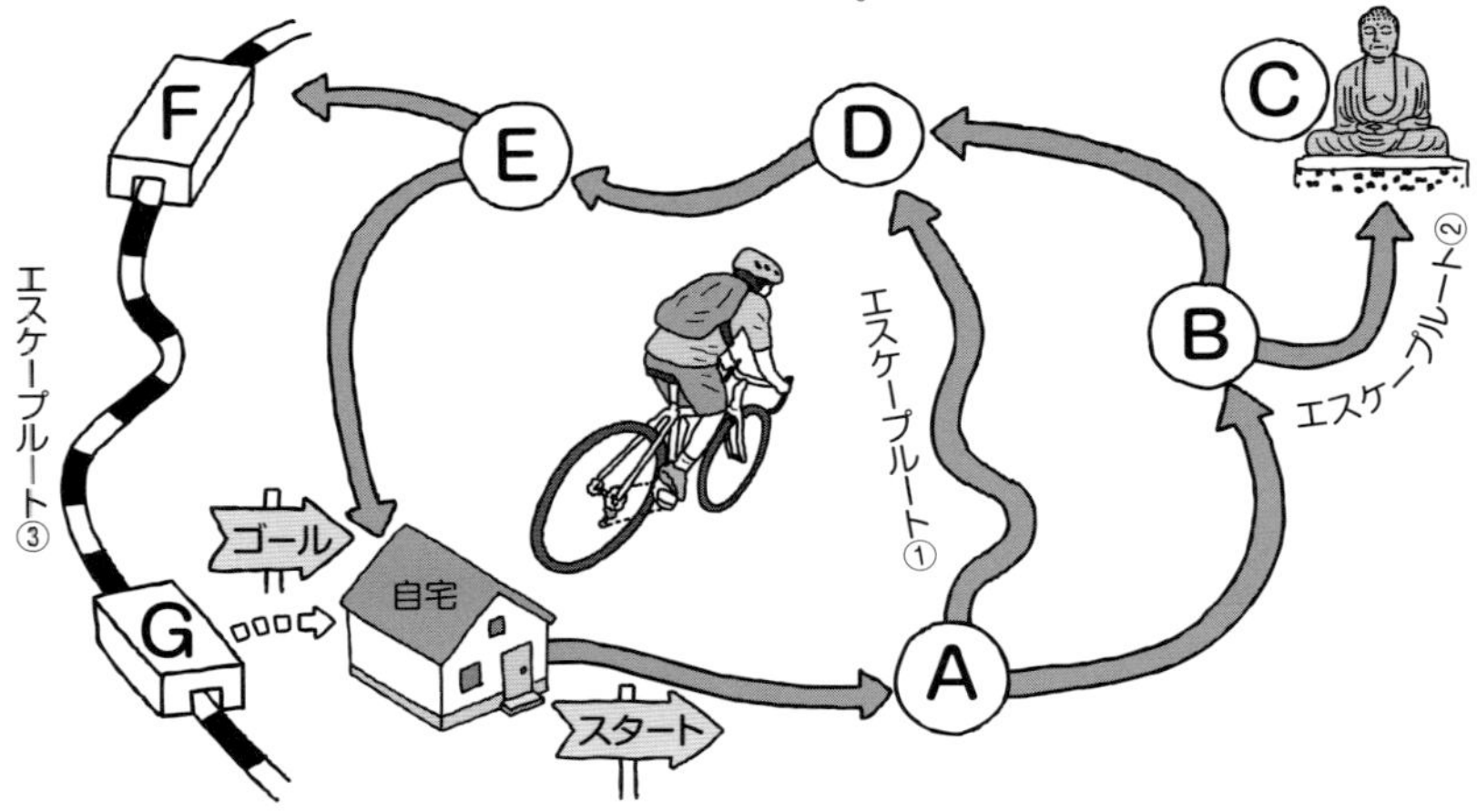

周回ルートを計画したが、なんらかの理由で予定が大幅に遅れてしまったとする。このときは、①近道する＝ショートカット、②訪問先を削る＝ルート割愛、③近くの駅に逃げる＝輪行、のうちのどれかを考慮することになる。

自分ひとりでも何が起こるかわからない自転車旅だ。初心者を連れていけば、その可能性はずっと高まる。そして運悪くトラブルが起きてしまったら、なんらかの対策を考えてより安全な回避策を選択しなければならない。そのときエスケープルートが重要な役割を果たすのである。

これをあらかじめ考えておかないと、脱落する初心者をなだめすかしつつ走らせて、夜中に帰着ということになってしまう。

それだけに集団を率いる上級者は、事前に現地の地理を詳細に把握しておかなければならない。

第5章

海外を走る

海外自転車旅はむずかしくない

最大の関門は意思を固めて実行に移すこと。費用のハードルは思ったほど高くない。

私が世界一周をしたのは１９８０年代から90年代にかけてだが、そのころいまでいう新興国は経済発展の黎明期《れいめいき》で、物価も安いうえに円高も加わり、日本経済様々であった。ところが２０００年代になると、円の価値は停滞、しかも諸国はそれぞれに経済発展してきたものだから、物価が軒並み上昇してしまった。おかげで円の購買力はみるみる下がってしまい、いま同じことをしようとしたら、おそらく倍の費用がかかりそうな気配になってきた（ちなみに、１９８１年～87年の第1ラウンドでは、６年間で総費用約２万２０００ドル＝約４５０万円、１年あたり約75万円）。

海外の自転車旅は意外と安い

それでも日本で暮らすことを考えたら、海外での自転車旅のほうがはるかに安いものにつく。やり方しだいによっては、ふだんの生活費の半分以下で回ってこられるはずである。

しかも情報の氾濫で、旅はますますやりやすい時代になっている。格安旅行者の世界的バイブル「ロンリープラネットシリーズ」も健在ならば、「地球の歩き方」も洗練されてきた。

格安チケット会社も乱立し、それぞれをネットで比較しながら、つごうのいい時間に合わせて購入することもできるご時世である。

第1ラウンドはキャンプ中心だったせいもあり、1日平均2000円で約6年間旅をした。アイルランド西海岸　1984年6月

これらの情報を十分に利用して旅を進めていけば、いまの時代であっても完全ホテル泊まりの3食レストラン生活で、1日50ドルもかけずに自転車旅を実践することも不可能ではない。

ここでハタと考える。

1日50ドルで旅ができるなら、1年間でも約2万ドルではないか。

2万ドル。現在の相場で約250万円、月約20万円だ。

それで世界を旅することができるのなら、行ってみたいと足を向けたくなる御仁は、そこかしこにいるにちがいない。

長期間の自転車旅をはばむもの

そこで一念発起、海外に出発する意思を固めたとする。

そのときいくつのかの障害が実践の前に立ちはだかる。けれどもこれらの壁を高いと思うか、乗り越えらえるただの塀だと思うかは、あなたの意思しだいだ。

ちまたでは、実践に対しての最大の壁は「時間」や「お金」や「語学力」だといわれているようだが、はたしてそうだろうか。最大の障害は、なんといっても周りの人の横やりだろう。それも影響の少ない立場の人ほど、あれこれ言ってくる傾向にある。

けれども、もしあなたが仕事に明け暮れてやっと解放された身であったり、ある程度まとまった休暇を取ることができる立場にいるのだったら、そんなものは振り切って自転車旅に出発しよう。自分の意思で、やりたいことに熱中する時間をつくったっていいじゃないか。

若いときは時間はあってもお金がない。壮年になると、若いときに比べればいく分かの経済的ゆとりを感じるようになるが、時間というものがまったくなくなる。

やむなくそのまま社会人生活を送り、定年を迎えると、やっとできたお金と時間なのにこんどは体が動かない、というのが多くの人たちのパターンだ。

かといって、だからやれない、では体はどんどん固くなっていく。何をいまさら、なんて考えていたら、チャンスはますますはるか彼方へと逃げ去っていく。思い立ったが吉日とは、いかなる場合にでもあてはまるのだ。

定年後になんらかの仕事をつづけていたにしても、ある程度の年齢になれば重要な責務からは解放されているだろう。だったらここらで、忙しさから逃れ、時間を味方につけて、自分だけの旅をつくってみよう。

月単位の海外自転車旅。やってみる価値は大いにある。

コストについて考える

時間さえつくることができれば、次なる関門は費用だ。

最初のひと月は、大ざっぱに生活費を1日1万円（約80ドル）、往復航空券約10万円で考える。ちなみにこの数字はかなり余裕を持った先進国のレベルであって、慣れるにしたがっておそらくはそのコストを半分で抑えられるものと思われる。

なおコストの配分は、宿泊費を50ドル以内、食費を20ドル以内、雑費に10ドルとして、

世界一周第3ラウンドの出費内訳

・出費の単位は円
・「その他」は、地図や本などの資料代、博物館などのチケット代
・交通費には日本のリムジンバス代を含む／それ以外の95％はチケット代
※1のうち約16000円は射撃代
※2の交通費は約70％がサーチャージ代（原油価格高騰による）という不可解な現実

旅をした日(日数)	行き先	交通費	宿泊費	食費	その他	合計	走行距離(km)
1994年3月24～31日（7日）	台湾・東海岸	56000	6200	5600	400	68200	655
1995年7月4～11日（7日）	アメリカ・フロリダ	115300	14500	8600	3500	141900	895
1996年9月11～18日（7日）	ドイツ	197730	13464	4586	11443	227223	700
1997年9月8～12日（4日）	韓国・済州島	53810	18589	9913	22499 ※1	104811	440
1998年7月24～31日（7日）	カナダ・西海岸	192971	33585	20592	8220	255368	710
1999年2月1～5日（4日）	アメリカ・フロリダ	64100	バーカー宅	228	13303	77631	145
2000年3月3～5日（2日）	台湾	46300	3630	1732	2171	53833	200
2000年10月5～10日（5日）	韓国・中部	44089	22605	11106	5643	83443	325
2001年7月4～11日（7日）	フランス／ドイツ	164271	16048	16396	4209	200924	710
2003年9月23～30日（7日）	スイス／フランス／ドイツ	174380	16971	8175	1541	201067	630
2004年7月2～8日（6日）	アメリカ・ニューヨーク	151835	10018	2161	1662	165676	335
2005年2月8～12日（4日）	アメリカ・フロリダ	88730	バーカー宅	103	2823	91656	151
2005年9月17～25日（8日）	中国・広東広西	99887	14560	4266	11088	129801	595
2006年9月13～17日（4日）	韓国・京畿道	42247	21773	8521	4003	76544	328
2007年7月5～11日（6日）	アメリカ・コロラド	125430	78500	8938	3239	216107	475
2008年9月9～16日（7日）	シンガポール／マレーシア	73870 ※2	19253	9600	10024	112747	801
2009年12月26日～2010年1月1日（6日）	中国・蘇州	75780	26818	3912	8764	115274	475
2010年12月26～31日（6日）	ベトナム・メコンデルタ	107354	10591	4541	3929	126415	420
—	合計	1874084	327105	128970	118461	2448620	8990

1日80ドル、つまりほぼ1万円としている。これではじめの1か月が30万円になり、そこに往復の航空券10万円強が加わって40万円を計上、となる。

もちろんこの数字では、世界的に有名なホテルに泊まって三つ星レストラン、というわけにはいかない。あくまでも地元民が利用する、低価格の宿に市場に面した味自慢のレストランが前提の費用である。

慣れれば、スーパーで食材を買って公園で昼飯というテクニックも身についてくるから、2か月目からは月20万円でも生活できる。すると準備しなければならない費用は、2か月で60万円、3か月で80万円、半年で140万円、1年で約260万円が相場になってくる。「え、そんなに」と思うかもしれないが、それを高いとみるかどうかはあなたしだい。考えてほしいのは、日本にいてもそれぐらいは使っているという事実だ。

目的を何におくか

目的のないままに自転車旅を実践しても、あまり意味がない。終わってああ面白かっただけでもいいとは思うが、それでも旅の記録だけは、必ずまとめておこう。なんらかの形で発表することがあるかもしれないし、少なくともだれかしらが同じ道をたどろうとするときに、その記録が大いに参考となるからだ。

目的は自分の好きなことや、突き詰めたいことに特化すると、飽きずに旅を送ることができる。仕事や専門分野、あるいは趣味にかかわる分野を求めていくのがいい。

私は自然や歴史が好きだったから、宿を確保したあとは1時間行程で裏山に毎日登るようにしていたし、なければ町の高台を探してでも訪ねていた。歴史的な遺構も見つければすべて寄っていたし、ヨーロッパではおもな美術館のほとんどを網羅することができた。

このときの旅の目的は「百済王朝の盛衰をたどる」。水原、牙山、扶余、公州と約325㎞を結んだ。忠清南道・公州 2000年10月

さて、目的も期間も決まれば、おのずと行くところも移動範囲も決まってくる。すると残る問題は、その地をどのように走るのか、だけになってくる。

月単位の時間が確保できれば、かなり思いきったコースがつくれる。目安となる移動距離は、1日最大100㎞、週休2日で1か月2000㎞を基準にする。

3か月のつもりなら、気に入った町にどっぷりつかることもできる。日本の民宿もそうだが、ヨーロッパの安宿の経営者もまた世話好きだから、語学を学びたいとか文化にもっと触れたいとか、やりたいことを相談すれば親身になって教えてくれる。これが高級ホテルにはない楽しさだ。そしてその提案を実現するためにいったん帰国して必要なものをそろえ、再び旅立つのも楽しい人生のひとコマになるだろう。

実践までのタイムスケジュール

ここで、海外自転車旅を実行し終えるまでの大ざっぱなスケジュールと注意事項をまとめておこう。だいたい1か月前くらいまでには行き先を決めて、旅の概要を固めておくようにする。

❶1か月前

必要なものの確認をする。

パスポートは切れていないか、航空券に不備はないか、ビザが必要か、どのような形で保険に入るか、外貨はどこで手にす

るかなどを確認しておく。とくにパスポートの存在はとても大事。期限が間近に迫っていたり、忘れたりしたら、空港で通関できないので注意が必要。

❷1週間前

ルート検討。

現地でどのルートを、どのように、どれぐらいの時間をかけて、何を目的に走るのかを決めておくこと。ただし、綿密すぎるのも困る。ハプニングだらけの外国で計画通りに行くはずなどないから、計画はその場で修正の利くフレキシブルな内容であることが望ましい。

もうひとつ重要なのが、初日と最終日はどこで泊まるのか、どのようなルートで空港との間をアクセスするかということ。日本と同じつもりで、着いてから考えればいいと思っていると、思いがけず驚くような出費に追い込まれることがあるので事前に心がけておきたい。

❸3日前

荷物の確認。空港への行き方の確認。

❹当日以降

ヨーロッパや地方の空港であれば、自転車を組み立て、その場から走り出せるが、アメリカの巨大空港などだと簡単には脱出路が見つからない。ゆえにリムジンバスか鉄道を利用することになる。むろん案内してくれる人はおらず、インフォメーションで尋ねても、英語が通じればラッキーと思ったほうがいいほど、現地語で説明されるだけだ。

もし案内してくれる人が現れたら、その人は十中八九客引だから身構えたほうがいい。

海外では日本のように、おもてなしで楽しい思いをさせ、また来てもらうことで利益を上げようという発想はなく、ちまたに跋扈《ばっこ》するのは、いかにして目の前の客から金を巻き上げるかに苦心する連中ばかりだといっていい。

日本のビジネスサクセスストーリーが最後に勝つのは、すでに知られたことなのだが、世界の商売人は苦労して信用を得ることよりも、いかにしてその場の利潤を確保するかしか考えていないのが現実なのだ。

❺最終日

この日は、帰国便のフライト時間に合わせた行動をとることになる。そのためにも前日のうちに空港のある町に着いておき、空港までの足を確認しておく。走って行こうがリムジンバスを使おうがかまわないが、必ず下調べをして所要時間とその風景を知っておくこと。リムジンバスを使うのなら、その時間に使われる乗り場とタイムテーブルも調べておく。乗り遅れは許されない。

海外サイクリングは大ざっぱにこのパターンで進んでいくが、これらは欧米先進国での話。場所によって微妙に変化していくので、各自で調べてほしい。

すべてのことを自分で決める

私は初めての海外の夜、空港に着いた初日から宿をどうするかで悩んだ。しかもその前に、いかにしてさっさとその空港から離れられるのか、という問題も起きた。

パック旅行なら、黙っていればお迎えが来て、言われるがままに乗せられた車に座っていれば自動的にホテルに着くのだから、そんな苦労をせずにすんだのにとは思ったが、これでは何も学べない。

ここで手っ取り早くタクシーを使うという手もあった。しかしタクシーを使えば時間は省けるが、コストがかさむ。現地までの道も学べない。そのときは、そこに自転車があったから、自分の足で町まで走って行った。

そうでなくても、ほとんどの空港には最寄の都市を結ぶバスがあるから、それが利用できる。そして町に着いたら、自分の足で歩いて宿を探す。こうして時間と労力をかけながら莫大な知識を自分のものにしていった。

人に教えられた知識はすぐに消えてしまうが、自分がとった行動によって身につけたものは決して忘れないのだ。

1か月コース、3か月コースの例

1か月以上の時間が確保できれば、魅力的なコースがいろいろ考えられる。

ここで、私の経験をもとに、海外の自転車旅のコースについて考えてみたい。期間は1か月、あるいは3か月を中心にしている。

❶北米

大陸横断コースがちょうど3か月の道のり。

太平洋岸から大西洋岸まで、トランスカナダハイウエイはカナダを横断する道路網。カルガリー付近 1981年7月

地図によるとロサンゼルスからニューヨークまでは4000㎞台の数字が出ているが、北米は車社会なので、これは自転車の走れない高速道路（フリーウエイ）を利用したときの最短距離だ。実際に自転車で走るなら約6000㎞を考えておきたい。

太平洋岸であれば起点をバンクーバー、シアトル、サンフランシスコ、ロサンゼルスなど数か所にできるが、東海岸だとダイレクト便のほとんどが集中するニューヨークへのゴールが一般的だ。

地理的には北のコースをとるほど草原と森が広がり、南のコースをとるほど砂漠化すると考えていい。

過去に横断してきた仲間たちは、森を越え、砂漠を突破して、広い草原を抜けた末に遠望できたニューヨークの摩天楼が、いまも忘れられないと一様に言っている。それだけ大陸横断は感動的ということだ。

3か月も時間がつくれない、せいぜい1か月止まりだというのであれば、横断ルートの3分の1か、縦断ルートの7割行程になる。それでも3回でコマ切れ横断の完成だ。

北米は歴史的情緒には乏しいが、広大な風景がある。西海岸と東海岸にもちがいは大いにあり、東洋文化が垣間みえる西海岸と、ヨーロッパ的要素がふんだんに点在しつつ、浅いながらも歴史を感じさせる東海岸とに分かれる。

ラテン気分を味わいたかったら、南海岸に沿いつつ、ちょこっとメキシコに割り込むのも手だ。

❷ヨーロッパ

歴史、建築、美術、音楽、何を求めても絵になるヨーロッパ。コースも縦横無尽にとることができ、3か月あればロンドンからアテネ、マドリードからワルシャワといったのんびり横断コースや、ちょっと忙しくなるがノルウェーの北端からイタリアの南端まで、といったルートも射程に入ってくる。

経済的には大部分がユーロ圏になっているが、国としては独立しているので、南北に走るほど大いなる文化のちがいに遭遇することだろう。

ストックホルムからナポリ、エジンバラからアテネを目指すと、その異なる空気に同じユーロ（イギリスはポンド、スイスはスイスフラン）を使えることの不思議さを味わうはずだ。

1か月だとロンドンからローマとか、マドリードからフランクフルトといったやや離れた主要都市を結ぶ一直線の旅か、1か国に絞ってのその国一周の旅になる。それでも町や村を縫って走ることで、観光だけからでは決して見ることのできない人々のナマの生活がじっくりと見えてくる。

フランスのドンレミ村（ジャンヌ・ダルクの故郷）近くの修道院。どこに行っても歴史を感じられるのがヨーロッパの魅力　2001年7月

③オセアニア

かぎりなくアメリカに近いオーストラリア、かぎりなく北海道に近いニュージーランドのイメージを持てばいいだろう。旅を遂行するうえでの安全を確保したいのなら、ニュージーランドは世界でもベストの地域になる。

ニュージーランドなら、1か月であれば南北どちらかの島を一周したうえで、もう片方の縦断。オーストラリアは大きすぎるので大都市間の移動だけで終わることになる。3か月あれば、ニュージーランドに1か月、オーストラリアに2か月のコースが組め、そのコースは南岸横断か、東岸縦断が気軽に走れるルートだ。

ちなみにオーストラリア一周は、長期の自転車旅を目指す人々の入門コースとしてよく利用されている。半年でもできないことはないが、9か月はほしいところだ。

④アジア

近場のアジアは宿泊費が比較的安いので、例にあげたほどの費用はかからないが、治安や衛生面に不安が残る。

アジアのよさは、なんといっても生きようとする活気に満ちあふれた空気だ。あの市場の喧騒に包まれると、仕事で悩む自分がみすぼらしくなり、生き抜くという気力を分け与えてもらっているような気になって、とてもうれしくなってくる。

日本もかつてそうだったように、生きる力がみなぎっているということは、ある面からみたらインフラがお粗末ということでもある。

生ごみとディーゼルエンジンの排気ガスが混じった匂いは、懐かしいと感じるか耐えられないと感じるかのどちらかであろう。

1か月コースであればベトナムの縦走や、バンコクからシンガポールなどが標的になる。韓国、台湾まとめての一周も射程内だ。中国だと北京から西安、あるいは広州といったあたりが目安になる。3か月あれば……、浸りすぎて埋没してしまうのが怖くなるほど楽しい地域だ。

❺アフリカ、南米

かつては楽しい旅の日々をおくることができる地域だったが、いまの時代、アフリカ北部はかなり危険になっている。

私はまだ安全だった1985年に通過しているが、日本人も巻き込まれた2013年1月のイナメナスのアルジェリア人質事件は、3泊ほどお世話になったプラントのとなりのキャンプ地で起きている。

そして突破したサハラ縦断ルートは、ゲリラ組織のためにいまもなお閉鎖されたままだ。あんなに楽しかったアフリカが、行くなといわざるをえない地域に成り下がってしまったのはとても悲しい。

あの貧しくも明るい人々のためにも、静かになることを祈るばかりだ。

信号が変わると驚くほど多くのバイクと自転車が一斉に走り出す。活気というより殺気を感じる。ベトナム・ホーチミン 2010年の大晦日

一方の南米だが、こちらは1990年をピークに国家のとったテロ組織懐柔策が功を奏

アフリカを走ると、キャンピング車が珍しいのかたくさんの子供たちが寄ってきた。レソト・カチャスネック　1985年11月

してきたようで、アフリカとは対照的に静かになってきた。よほど密林に入り込まないかぎり不穏分子に接触することもなさそうで、私が通過したころよりもおだやかな旅ができそうになっている。

ところが物価が上がってしまった。これが大いに困った点だ。

❻中近東

イスラム圏は走れなくなった。

私が世界一周の旅で走れたおもなイスラム諸国はトルコとマグレブ三国（チュニジア、アルジェリア、モロッコ）である。ヨーロッパを巡ってトルコまで来たとき、イランに抜けてアジアに入るか、アフリカを下るか迷ったあげく、アフリカを選択してしまったため、中東がすっぽり抜けてしまったのだ。

あのときアジアルートをたどっていれば、イラン、アフガニスタン、パキスタン、インドへと進み、寄り道としてシリア、ヨルダン、イスラエル、エジプトなどを走っていたことだろう。ところが過激派武装集団のために、当時はイスラム圏の安定国家の代名詞的存在だったエジプトですら、いまでは危なくて走れない。

だからあのときアジアルートをたどっていれば、この紙面でサハラ越えに思いをはせる文章を書くことになっていたはずだから、同じことではあるが。

第6章

おすすめの自転車旅

咲く花に季節を感じる自転車旅

128頁で自転車旅のテーマについて述べたが、ここでは私が読者のみなさんにおすすめしたい自転車旅を紹介することにする。まずは、季節感をたっぷりと味わえる旅である。

❶桜前線を追う

これほどうらやましい旅はあるまい。しかも、自転車の速さにぴったりとフィットする、ぜいたくな自転車旅のおすすめプランだ。

桜前線は、3月下旬に日本列島に突如として現れ、5月中旬の北海道をもって北上を終える（おもにソメイヨシノ。北海道では別の種類の標本木もある）。

つまりほぼ2か月で、日本列島を縦断し終えるわけだ。この速度が自転車にはぴったりと合っている。

鹿児島から稚内《わっかない》までの最短距離（道路距離）は3000km弱だから、1日100kmずつ刻んでいけば1か月で完走できる。

この日本列島縦断ルートを、満開の桜とともに旅しようというのがこのプランだ。

桜はパッと咲いてパッと散ると形容されながら、満開期間には7日もの余裕があるから、祭りのように時間をピンポイントでねらう必要もない。三分咲きでも花吹雪でもかまわないのならもっと幅が持たせられる。

暖かいほど早く咲くので、まっさきに上陸するのは決まって鹿児島、宮崎、高知といった南国を代表する地だが、なぜかここに東京も加わってくる。

ゆえに九州と関東の桜をともにクリアするのはむずかしいので、日本列島全体で考えるのなら、関東を外したほうがいいだろう。もしくは東京を出発点に九州へと輪行してから、北上するかだ。

モデルコースは3月下旬に九州へ移動し、少し急ぎ足で四国にわたり、本州、近畿へと動く。桜前線は緯度に沿って北上していくので、東西に長い西日本は少しばかり急がされるのだ。

日本人にもっとも親しみのある桜は、自転車旅のテーマにぴったりだ。千葉県印西市の小林牧場

しかし東北に入るや、東西に細くなるので急ブレーキがかかる。ゆえに北に行くほど各地の桜を堪能しやすくなる。角館《かくのだて》（秋田）や北上《きたかみ》（岩手）、大河原《おおがわら》（宮城）、弘《ひろ》前《さき》（青森）といった名所では、心ゆくまで楽しむことができるだろう。

❷紅葉前線を追う

桜は比較的ねらいやすいのに、なかなか命中しない紅葉のピーク。地元の人でもうっとりするような染まりぐあいに出会うのはかなりむずかしいと聞く。

ただし標高差の大きな地域に行けば、どこかでベストポイントに遭遇することができる。その代表的な場所が、関東なら日光である。

日光市街で標高約５００ｍ、金精峠で約２０００ｍだから、じつに１５００ｍもの高低差がある。したがって気温差も激しい。１０００ｍで6度とすれば、宇都宮（約１００ｍ）から考えると金精峠との間には約11度もの差が生じることになる。

これだけちがえば、どこかで必ずベストの時期に出会えるだろう。

けれども、人は同じことを考える。そのため秋の日光は、いつ行っても膨大な車に悩まされる。いろは坂にまで渋滞が起こる騒ぎだ。

そこで81頁でも紹介したように、交通量がぐっと減る鬼怒川温泉から回る裏道を行こう。むろん帰りもこの道のほうがいい。もしくは中禅寺湖畔はあきらめて、霧降《きりふり》高原へ向かう。

なお、紅葉はだんぜん北日本だ。関東以西は常緑樹が混在するのでまだらに染まるが、東北では山一面、赤や黄色に染まる。

その風景たるや満開の桜以上のものがあるといっても過言ではない。

❸季節の花を追う

平地だと里山に咲く梅が春の到来を感じさせ、山岳地帯では雪解けとともに開くマンサクの黄色い花が、長かった冬の終わりを知らせてくれる。

春を告げる庭木なら沈丁花《じんちょうげ》だ。実際にはまだ寒いのだが、通勤ルートで見かけると「やっと寒い季節が終わったな」とうれしくなってくる。

桜より一足先に開く、真っ白に包まれる白木蓮《はくもくれん》の大木もみごとだ。ただ私は、白木蓮よりはより野性的な、雑木林を白く染めぬくコブシを季節の花として推したい。

それらが落ちて、遅い八重桜も散ると、各地の並木道でハナミズキが街を彩りはじめる。

各地の公園で、葉を完全に埋めてしまうまで開くツツジの鮮やかさや、黄色に埋めるヤマブキもまた、この季節の風物詩になっている。

それから数週間。

盛夏となった日々を染め抜くのは、空気汚染に強いことから都会に好んで植えられるキョウチクトウ。派手な色彩で工業地帯を地味にガードするこの花たちには、尊敬すらしたくなってくる。

同時に、東京以南だと毒々しいほどに赤く燃えるカイコウズや、その字のとおり花の寿命がとにかく長いサルスベリ（百日紅）も、街路や庭木で目を楽しませてくれる。

やがて秋がやってくる。

木々は衰えゆく日差しの恩恵を最大限に利用し、さまざまな色に身を包んでいく。

イチョウなら黄色、ケヤキ、トウカエデ、ナンキンハゼなら深紅。これら黄色や赤に染まる街路樹が、北から順ぐりに、都会の中心部をさわやかに包んでいく。

そして冬に開く数少ない花、サザンカが一年を締めくくる。

こんな花々との季節ごとの出会いも、旅心を癒してくれる大きな要因といえるだろう。

これとはまた別に、南限や北限といった生息場所の限界にある樹木も、遠くまで来たなと実感させてくれる存在となる。

私の眼によるもので、実際はちがうはずだが、シュロは宮古、ソテツは霞ケ浦で北限を、ライラックは鎌倉、ハマナスは九十九里《くじゅうくり》で南限を確認した。

けなげに生きようとする植物たちを、季節や環境条件に沿って追いかけると、それだけでも楽しい自転車旅がつくれること請け合いだ。

街道をたどる自転車旅

135頁で旧東海道をたどる旅を紹介したが、街道は東海道だけではない。歴史上もっとも往来のにぎやかな街道が東海道だっただけのことだ。

芭蕉は奥の細道で日光街道、奥州街道をたどっているし、関ヶ原の合戦に向かった東軍の別働隊、徳川秀忠は中山道を行ったおかげで上田の真田家の挑発に乗ってしまい、遅参するという大失態をおかしている。

新選組を語るなら甲州街道ははずせないし、五街道にはもれるが天下の副将軍として君臨した水戸家への道をたどる水戸街道の存在も大きい。

架空とはいえ勧善懲悪の水戸黄門は日本人の文化でもあるから、ご老公様ご一行が頻繁に歩いた（ことにされている）道をうっかり八兵衛の気分になって移動するのも悪くはない。むろん助さん角さんでもいいし、女性ならかげろうお銀になりきってみたい。

そのほかにもたくさんの街道が存在する。人が住むかぎり往来はとだえないから、いにしえの人々の旅のなごりは日本中に存在するといっていい。

東京近郊なら成田街道や鎌倉街道は欠かせない存在だし、房総には花嫁街道（山道です）などというしゃれた名前の道も存在する。京都から先にもあまたの道が伸びているし、四国では坂本龍馬脱藩の道というコースが観光客を引きつけている。

中山道六十九次のうち、第１の宿場・板橋の道標

そのすべてで大小さまざまな、いくつもの物語が展開されてきたはずだ。それらの物語を空想していると、おのずと思いは時空へとまぎれていく。

訪れるたびに涙を誘われてしまうのが、北陸街道の親《おや》不知《しらず》（新潟県糸魚川市）の歌碑。落人の悲哀はいつの世でも旅心をくすぐらずにはいられない。

親知らず　子はこの浦の波枕　越路の磯の
泡と消えゆく（平頼盛妻）

これらの道を、史実をふり返りながら走っていけば、自転車旅の情緒はますます募っていくことだろう。

そのための文芸書には事欠かない。ちょっと思い出すだけでもたくさん浮かんでくる。

◎東海道：東海道五十三次（歌川広重：浮世絵）、東海道中膝栗毛（十返舎一九）、怒る富士（新田次郎）、正雪記（山本周五郎）、新平家物語（吉川英治）、国盗り物語（司馬遼太郎）、徳川家康（山岡荘八）
◎中山道：中山道六十九次（歌川広重：浮世絵）、真田太平記（池波正太郎）、夜明け前（島崎藤村）
◎甲州街道：燃えよ剣（司馬遼太郎）

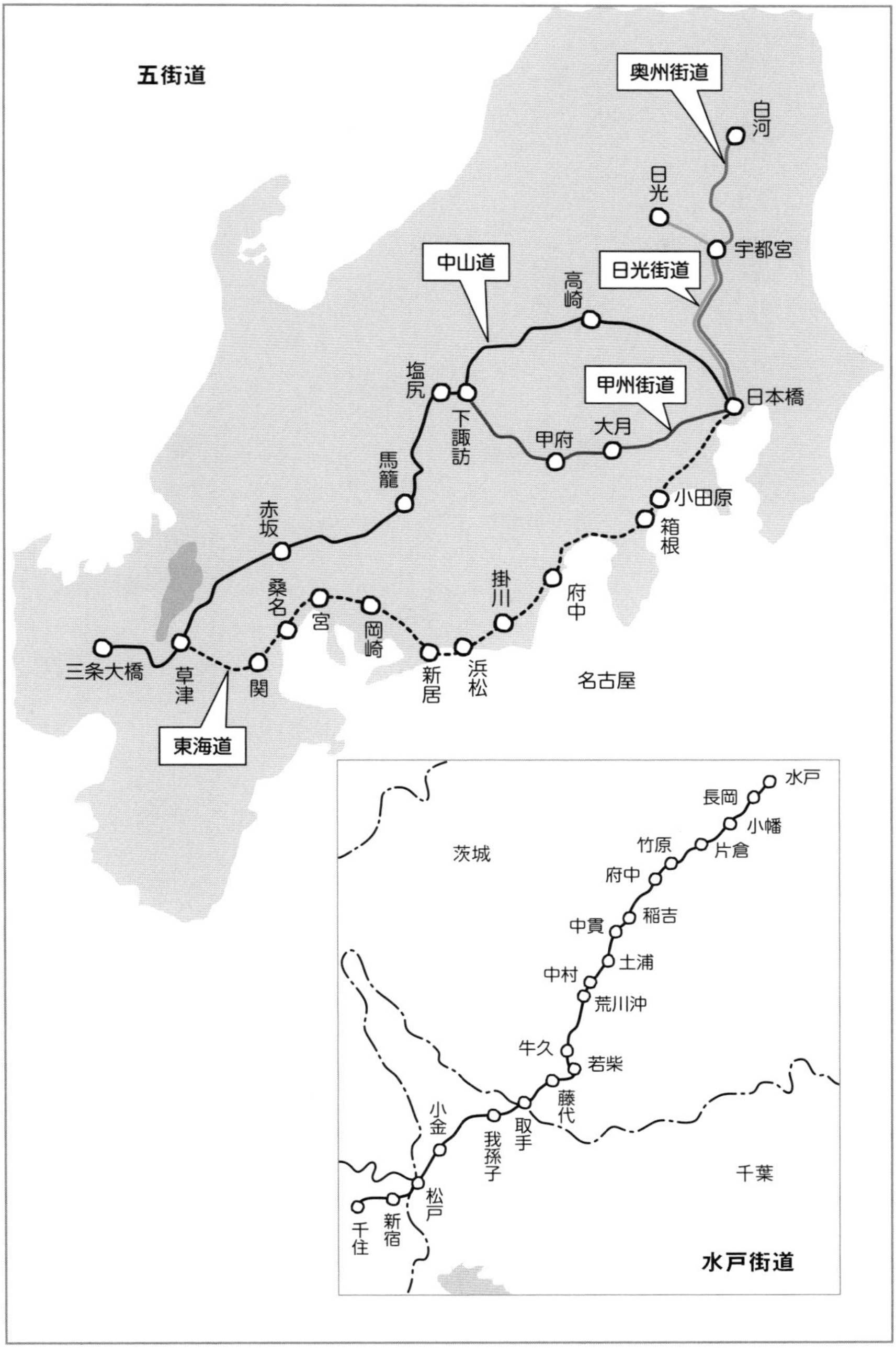
五街道
奥州街道
白河
日光
宇都宮
日光街道
中山道
高崎
塩尻
下諏訪
甲州街道
日本橋
甲府
大月
馬籠
小田原
赤坂
箱根
掛川
府中
桑名
宮
岡崎
三条大橋
草津
関
新居
浜松
名古屋
東海道
水戸
長岡
小幡
竹原
片倉
茨城
府中
稲吉
中貫
土浦
中村
荒川沖
牛久
若柴
藤代
小金
取手
我孫子
千葉
松戸
新宿
千住
水戸街道

日光街道第１の宿場・千住宿の道標。ここから水戸街道が分岐する

◎日光街道・水戸街道：奥の細道（松尾芭蕉）、戦国末期、明治維新後半期の戦記物多数

この部分を書いていたら、私が無性にやりたくなってきた。

1号国道はこれまでに何度も走ってきたし、各地の街道でも見つけるたびに宿場を訪れてきた。しかし歩くことができた宿場町といえば数えるほどだ。品川ですら、宿場町としてとらえて探索したことはない。

読者を夢の空間に招待するためにも、ここは自らが実践する必要がありそうだ。

この場を借りて、新しい目標を見つけてくれた読者に感謝。

付録

私の自転車旅【海外編】

世界一周第1ラウンド

●70か国・84665㎞

自転車での初めての遠乗りは、19歳のときの宗谷岬行き。これがきっかけになって「世界への旅立ち」を意識するようになる。

社会人になって2年間働き、ためたお金をすべてつぎ込んで、準備もそこそこにとりあえず海を渡る。

◉北米・18130㎞

（81年5月〜82年2月）

初めての異国の地、アラスカのアンカレッジに立ってから一目散にカナダを横断し大西洋へ。

ここより東海岸を下ってニューヨーク、フロリダ、以後西に進み、テキサス経由でメキシコまでたどり着いたが、中米の政情不安に遭遇し、やむなく南米へと飛ぶことになる。

◉南米・9020㎞

（82年3月〜82年11月）

物価急降下にペースまでもが急降下。エクアドルより走り出して太平洋岸を南下しペルー、アンデスを越えてボリビア、ブラジル、パラグアイ、アルゼンチン、ウルグアイ、ブラジルへの道をたどる。

アンデスの高嶺、インカ帝国の遺跡、パンパの大平原に感動、また感動の日々。

◉メキシコ・滞在のみ

（82年12月〜83年5月）

ヨーロッパに向けての越冬地として5か月を過ごす。バス移動ながらアステカの遺跡、コルテスの軌跡、ユカタン・マヤの栄光にくまなく触れることができ、大満足のビバ・メヒコ！

◉ヨーロッパ（その1）・7915㎞

（83年5月〜83年9月）

ロンドンから走り出し、英、仏、ベネルクス、北欧と巡る。中南米の物価を知ってしまった身には欧州の物価は心臓に悪い。たちまち持ち金を使い果たすが、帰国する気にもならず、ニューヨークへの出稼ぎを決意する。

◉ヨーロッパ（その2）・21145㎞
（84年4月〜85年1月）

マドリードより再出帆。イベリア半島を走り、ジブラルタルを渡って初のアフリカ大陸上陸。しかし目的が残ったままの欧州走破だから、大陸に戻ってスコットランド最北端へ。アルプスから東欧諸国を突破し、ブルガリアからイスタンブールまで走る。

　そして悩んだ。アジアを走るべきかアフリカか。迷いながらも前輪はアフリカへと向き、いつのまにかダーダネルス海峡を越えてギリシア、ユーゴへ。そしてイタリアを南下。欧州ではモンブラン登頂をきっかけに登山の楽しみを知る。

◉西アフリカ・7525㎞
（85年1月〜85年6月）

地中海を渡りチュニスに上陸、サハラ縦走に着手。見渡すかぎりの砂漠を走りつつガルダイアでサハラを縦貫する道に合流、行けども行けども干からびた大地を、インサラー、タマンラセット、アガデスと走って世界最大の砂漠を突破。目指すはギニア湾、ひたすら南下しサヘル地方を走り抜けたが、象牙海岸（コートジボワール）のカティオラでついに肝炎に捕まってしまう。

　療養45日ののちに復活、5か月がかりで海を見る。ここで東へと進んだが、ナイジェリア国境はついに開くことはなく、コトノウから東アフリカへの一気のフライトを決める。

◉東アフリカ・6840㎞
（85年6月〜86年1月）

東アフリカの高地は、サヘルに比べるとまるで天国。キリマンジャロとケニア山主峰に登り、再び自転車の旅人となってタンザニアからマラウイへ。

　ここでマラリアの洗礼を受け、ジンバブエで発症、1週間休憩。そして復活。最南端の地をめざしてトランスヴァールを越えてアガラス岬にたどり着く。丸1年のアフリカ放浪も喜望峰に終結した。

◉南米登山・1355㎞

（86年1月〜86年9月）

アンデスの山にも登りたくなり、南米に戻る。アコンカグアに登りペルーアンデスにも足を伸ばし、インカの高峰・ワスカラン、トクヤラフにも登る。

このとき相棒となったのが河野兵市、後に日本人初の北極点歩行到達の快挙をなしとげた友である。

◉南太平洋・12735㎞

（86年9月〜87年3月）

トクヤラフの仕事で思いがけずお金が入る。そこで、中米→ロス経由で帰国する予定を南太平洋経由オーストラリア行きのルートに変更する。

イースター、タヒチ、サモア、フィジー、ニューカレドニア、ニュージーランドを走って、仕上げはオーストラリア東海岸。全財産が317ドルしかなく、スポークが折れるたびに冷や汗をかきつつ、2か月がかりでメルボルンからケアンズまで走り抜けて、我が世界一周の旅は完結する。

モロッコ・マラケシュから峠を越えてサハラへ　1984年5月

世界一周第2ラウンド
●43か国・27340㎞

第1ラウンドのときには、政情不安などの理由から中米と東欧を、また物価高のため北欧を訪れることができなかった。それが、1990年ころからはじまった円高と世界情勢の激変によって走れる状況になってきた。当然じっとしていることはできず、即座に旅立った。

◉アメリカ・フロリダ・1620㎞
(92年7月〜92年9月)

戦乱のため走れなかった中米を結ぶべくカリブ海一周の旅を計画。その起点に前回お世話になったフロリダのバーカーさんに相談したら、快く滞在を引き受けてくれた。そのついでに所持していなかった車の免許証も取得(なんと総額5万円)し英語力の復活も果たせた。このとき空前のハリケーン・アンドリューがマイアミを襲う。その爪痕を感じながら、メキシコ・ユカタンへと飛ぶ。

◉中米・7150㎞
(92年9月〜93年1月)

ユカタンから走り出しパナマまで、中米の主な山に登り、マヤの遺跡を網羅しつつ南下。エルサルバドルやニカラグアのカテドラル(寺院)の外壁に残る弾痕、峠のトーチカが、つい8年前までこの地を包んでいた戦乱を物語っていた。MTBの強みでマイナーなダートルートにもどんどん入りこめたのはうれしかったが、パナマ、コロンビア国境、通称ダリエンギャップはゲリラの巣窟。さすがに迂回し、コロンビアへと空路駒を進める。

◉南米・2600㎞
(93年1月〜93年2月)

ベネズエラのビザが取れない。あっさりと通りすぎるはずが、メデリン、カルタヘナ、バランキージャ、サンタマルタとさまよい、凍れる3000mの峠を越えて下ったククタでやっと取得。ベネズエラでは、いたるところに轢かれて干からびたワニが転がる、密林のオリノコ川源流域が待っていた。

◉カリブ海・4240km

（93年3月）

プエルトリコを起点に1か月有効の飛行周遊券を購入。なるべくたくさんの島に渡りたいが毎日飛ぶのもせわしなく、おもだった10の島に絞った。セントクリストファー・ネーヴィスなど長ったらしい名前も島の配列も、行ったから覚えられたカリブの島々。最後にドミニカを走って、コロンブス、キャプテン・ドレークの想いを背にカリブの旅は終わる。

◉北欧・東欧・10750km

（93年5月〜93年9月）

ロンドン上陸の後、ベネルクスからドイツ経由で北欧へ。北のはずれノールカップ、東のはずれキルケネスなどをめぐり、ロシア領ムルマンスクツアーにも参加する。バルト三国経由で南下し、ソ連崩壊のどさくさ紛れに白ロシア、ウクライナも走り、ポーランド、スロバキア、チェコとつないでドイツより帰国。

※93年4〜5月のフロリダ滞在（980km）は割愛

メキシコ、グアテマラに接するベリーズの海岸　1993年9月

世界一周第3ラウンド【コマ切れ編】
●11か国・8990km　現在継続中

第2ラウンドが終了したとき35歳になっていたので、さすがに長期の休暇を取るのはむずかしくなってきた。そこで考えたのが5日から1週間の休みを利用して500km程度の自転車旅を積み重ねていくコマ切れ世界一周。これまでに18回実践してきた。

◉台湾・東海岸・655km
（94年3月）

九州とほぼ同じ面積に約2400万人の人口。その大半は平坦な西側に住む。そんな人口密集地など走りたくもなく、高雄までバスで避け、まずは最南端・鵝鑾鼻（ガランビ）へ。そして太平洋岸を北上、静かな波音を聞きながら台東・花蓮・宜蘭と結ぶ。

圧巻は花蓮からの清水断崖。下が見える工事現場の足場のようなところだった。

◉アメリカ・フロリダ・895km
（95年7月）

第2ラウンドでの居候先に残した荷物の引き上げ目的に、アトランタからブレイデントンまで走る。途中「風と共に去りぬ」のタラの地も通過する。

第2ラウンドの旅の中でもっともお世話になったバーカーさんとの再会が最大の喜び。しかしそのバーカーさんも2003年に亡くなった。

◉ドイツ・700km
（96年9月）

同じくお世話になったもうひとりがドイツ・ハイデルベルク近郊のドラオボス博士（原子工学）。ここで飲んだワインが忘れられず、ラインとドナウに沿って、中世の錦絵を色濃く残すロマンティッシュ・シュトラーセを走り、博士の住むその名もヴァインガルテン（ワインの園）を訪ねる。日本にも名の売れたロマンチック街道だが、この道、ほんとうはツアーが通らない旧東海道のごとく小さな村々を抜けていく道なのだ。

◉韓国・済州島・４４０㎞
（97年9月）

やっと訪れることができたお隣り韓国。まずは走りやすい済州島一周の旅を考えた。しかもここには、結果的に登れなかったとはいえ、韓国最高峰・漢拏（ハルラ）山がある。それにしても済州島の戦後史は痛々しい。自然よりも悲惨さが先に立ってしまう島だった。

◉カナダ・西海岸・７１０㎞
（98年7月）

姉親子が地元の交流会でカナダの家庭にホームステイするという。それに合わせて日程を組み、初の姉と姪との海外合流に、バンクーバーからロッキー山脈へと分け入る。ときは7月、北国カナダへ避暑のつもりで行ったのに、連日の40℃越えにはうだった。

◉韓国・中部・３２５㎞
（00年10月）

百済王朝の歴史を求めた、水原、扶余、公州の道。三王朝並立の一端を任っていた百済は唐と連合した新羅によって滅ぼされる。おごれる人も久しからず、ただ春の夜の夢のごとし。滅亡の悲哀に叫ぶ宮女たちの断末魔が聞こえてくるような道を、仙台の友人伊藤さんと走る。

◉フランス／ドイツ・７１０㎞
（01年7月）

パリをスタートしてシャロンまでは鉄道。アルザス経由でラインを渉り、ヴァインガルテンのトラオボス博士を再訪。町の名物、王家ご用達のワインを２００本買って、初めての個人輸入にも挑戦。

◉スイス／フランス／ドイツ・６３０㎞
（03年9月）

宗教革命に先駆けたフス火刑の地、ボーデン湖畔のコンスタンツ、ドナウなどの源となる黒い森を走りながらトラオボス博士を再訪する。こののち博士は脳卒中と心筋梗塞のダブルパンチに見舞われ生死の境をさまよったらしい。フロリダのバーカーさんといい、世界一周からすでに四半世紀、人々はゆっくりと入れ替わっていく。

◉アメリカ・ニューヨーク・335km

（04年7月）

第1ラウンドで出稼ぎの日々を送ったニューヨークを再訪。宿は対岸のニュージャージーに住む、ニューヨークからテキサスまで一緒に走ったジョン。彼はこののち事故に遭い車いすに。だから私が行かないかぎりもう逢えなくなってしまった。一方、消防職だったジョンの父からも9・11での知り合いの部下の殉職を聞く。

◉中国・広東広西・595km

（05年9月）

どんなものか走ってみた広東から広西への595kmの旅。広州へ飛び、バスで肇慶まで移動。自転車（ママチャリ）を買って桂林へ。徳慶、梧州、大平、永安、朔陽、桂林と走り、飛行機で広州へ。圧倒されたのは、熱気むんむんの中国経済力。

足となったのは現地調達のママチャリだが、走ってみて初めて、ママチャリでの峠越えのきびしさを知った。伸びぬ腕、肩に力が入らず、足にも力が伝わらないけれど、走れることがわかったという収穫は大きい。

◉韓国・京畿道・328km

（06年9月）

5日の休みでソウル、臨津江周辺、仁川のルートを走る。児島襄の小説『朝鮮戦争』を読んで旅の参考に。平和ボケした日本にいると、たまにはこのような世界の現実を味わわないと取り残されそうな気になる。

◉アメリカ・コロラド・475km

（07年7月）

マウンテンサイクリングin乗鞍のベストは1時間15分。だからチャンピオンクラスでエントリーしているけれども50歳を目前に20分台がきびしくなってきた。そこで久々の4000m台峠のクリアを企て、手ごろなアクセス先としてコロラド・Mtエバンスを選ぶ。

ここはふもとの町エバーグリーンから7時間の登りで、4315mまで行くことが可能。この登りを2回行って帰国、臨んだ乗鞍大会では、48歳ながら19分台で見事クリア。ただシーズンオンだっただけに、1泊2万円の宿泊費が痛かった。

●シンガポール／マレーシア・８０１km
（08年9月）

東南アジアでいちばん安いチケットがシンガポール便だった。そこでここを起点にマレーシアをどこまで走れるか検討、クアンタンまでの北上ルートを考えた。クアンタンといえば沖合で日本の航空隊が開戦直後に戦艦プリンス・オブ・ウェールズを撃沈した地だ。シンガポール攻略作戦は太平洋戦争初期の山場。激戦地ブキテマ高地に立ち、攻将山下奉文と守将アーサー・パーシバルの足跡に思いを致した1週間。

●中国・蘇州・４７５km
（09年12月～10年1月）

2度目の中国は、上海からアクセスしやすい蘇州。南京まで行きたかったが、年々寒さがこたえる体になっている。蘇州にかぎらず中国は歴史の宝庫。各王朝を経て、蘇州の歴史が回転していく。9世紀、最高峰ともいえる詩人白楽天が長官を務めたこの地を堪能し、江南地方特有の古鎮を結びながら上海へとたどる道。中世中国がそのままタイムスリップしたような、周荘、同里、朱家角に紛れ込みつつ、水滸伝、三国志演義にふける。

●ベトナム・メコンデルタ・４２０km
（10年12月）

親日国として類を見ないベトナム。そんな国を走りたくなってメコンデルタ地区に足を延ばした。ホテルには便利屋がいて、自転車で走りに来たと言ったら、強引にレンタサイクルを押しつけられて初の試み。お世辞にも納得のいくＭＴＢではなかったが、ものは試しと借りて熱帯の湿地の中を移動する。名にたがわぬ親日感情と、自転車で通学するアオザイの女子高生がまぶしく、また行きたい国の筆頭にランクインした。

※99年2月のフロリダ（１４５km）、00年3月の台湾（２００km）、05年2月のフロリダ（１５１km）は割愛

おわりに

自転車の魅力に取りつかれて40年になった。

人生を楽しむ最高の秘訣は生涯楽しめる趣味にであうことだと、だれかが言ったがまさにそうだ。初めての長距離走行だった北海道からというもの、年間ほぼ1万kmペースで40年も走りつづけられているわが身は、なんという幸せ者であろうか。

これだけの長い歳月の中では、自転車環境もずいぶんと変わっている。利根川のサイクリングロードが帰省ルートになるのでよく利用するのだが、２０００年を境にしての変化がとかく著しい。

それまでは、せいぜい通学中の中学生を朝夕に見かける程度だったのに、どの時間帯でも視界のどこかに必ず自転車を確認するようになったのだ。その姿に接し、やっとこの趣味が見直される時代になったなと、走るたびに痛感している。

ここまで人口が増えてきたいま、次なる課題は、いかに快適な環境を整えて、その人口を維持するかだろう。これは、いかにソフトを充実させるかという個人の問題と、いかにハードを整えるかという行政の問題に分かれてくる。

ソフトのほうは、まずは交通法規の順守と笑顔のあいさつだが、この点は、以前と比べるとずいぶんと良くなっている。街中で車が往来しているにも関わらず、それを無視して突破する自転車をかつてはずいぶんと見かけたものだが、最近は確実に減っている。

ハード面を担当する行政も意外と頑張っている。

車線を削ってまで自転車優先道路をつくるなどは、これまでの車最優先社会では考えられなかった。自転車は交通の邪魔者だ、歩道をおとなしく走っていろと警察にさえ指図されたのだから。

それが爆発的な自転車人口の増加で、行政も無視できなくなったにちがいない。おかげで通勤ルートにも一部自転車専用車線ができ、快適に走れるようになっている。

一方でサイクリングロードの整備も進んできた。

利根川沿いの道にも、しばらく走っていない間にトイレが誕生していたり、休憩所が改装されていたりと、徐々に快適さが増している。

私の最終的な願いは、日本一周ができるくらいサイクリング道路が張り巡らされることだが、さてどうだろうか。

そうなれば中高生たちの大部分が事故の心配をすることなく通学できるだろうし、車から自転車に乗り換える人も増えるだろう。そうなれば渋滞の軽減にもつながるし、時間的効率もかなり高まるはずだ。

現実には厳しいのかもしれないが、日本中を車のことを気にせず好きなように走り回れたらいいのにと、いつも夢みている。

at the end

最後に

自転車のことならここに聞け

自転車がないことには自転車旅は成立しない。

そこで、自転車をどこで手に入れるかという問題が起こる。

その答えは、「近くのどの自転車屋でもいいのだが、アフターケアのことを考えると、ショップにスポーツタイプの自転車がたくさん置いてある店のほうがいい」ということになる。レーシングチームを持っていればよりいい。

自転車旅とレーシングチームでは相反する走り方になるが、メカに詳しい仲間も多いし、頼りになる友人も見つけやすいからだ。そんな店はけっこう多い。

それでもどうしても見つからない、専門店の敷居がどうにも高いと感じる方は、私の自転車のホームドクター、サイクルハウスGIROをご紹介する。

とにかく走っていたい私は、走れなくなった自転車を走れるようにはできるのだが、心地よい走りにするというテクニックまでは持ち合わせていない。そのためどうしてもこの店の協力が必要になってくるのである。

近くに来た際に寄ってみてください。アットホーム的な存在に、きっと頼りたくなるお店です。千葉市の国道14号沿い、稲毛浅間神社向かいにあります。

地平線会議

ちょっと異質な集会だ。毎月国内外で一風変わったアウトドア活動をしてきた人を壇上に立て、講演してもらい、それをネタに一杯やろうという組織である。

規模が世界的になるので、近所の日帰り自転車旅では少しばかり、と思うかもしれないが、来るもの拒まず去るものもまた拒まずだから、恐れずに足りず。それどころかその道のトップクラスの友人を簡単につくることができる。似たような趣味をもつ初心者も多く参加するから、趣味の友人もたくさんつくれる。

このグループほど世界情勢に詳しい集団はいないだろうし、メディアからでは絶対に得られない海外裏情報も集まってくる。

開催場所は常時変動するので、ホームページを参照して参加してください。参加費500円が必要です。

■著者プロフィール

のぐちやすお（埜口保男）

1958年、茨城県生まれ。98年、放送大学卒。06年、放送大学修士修了。千葉県職員・看護師。サイクリングの魅力にとりつかれ、年少時の虚弱体質を克服。81年5月、自転車での世界一周に旅立ち、87年3月、6年間走り回って52本のタイヤを履き潰し、70ヶ国に84665㎞の轍を刻み込んで帰国（世界一周第1ラウンド）。92年7月から93年9月までに、中南米、東欧、ロシアなど43ヶ国、27340㎞を走破（世界一周第2ラウンド）。94年3月からは、世界一周第3ラウンド・コマ切れ編として、毎年1回1週間程度の海外走行を積み重ねている。これまでの総走行距離は、約43万㎞（うち海外約12万㎞）に及ぶ。

02年、『みかん畑に帰りたかった』にて小学館ノンフィクション大賞受賞（03年小学館刊）。

著書は『自転車漂流講座』『自転車野郎養成講座』（以上山海堂）、『自転車で地球を旅する』『自転車でどこまでも走る』（以上ラピュータ）ほか多数。

■協力…CYCLE HOUSE GIRO

◉制作スタッフ

◎企画・編集　美研クリエイティブセンター（Bcc）
◎カバー・本文デザイン　里村万寿夫
◎カバーイラスト　島えり
◎本文イラスト　糸永浩之

自転車旅のすすめ

2016年７月31日　初版第１刷発行

著　者　のぐちやすお
発行人　橋本雄一
発行所　株式会社体育とスポーツ出版社
〒101-0054　東京都千代田区神田錦町1-13宝栄錦町ビル3F
ＴＥＬ　03-3291-0911（代表）
ＦＡＸ　03-3293-7750
http://www.taiiku-sports.co.jp
印刷所　美研プリンティング株式会社

乱丁・落丁はお取り替えいたします。
定価はカバーに表示してあります。
ISBN978-4-88458-269-2　C2075
Printed in Japan